Nadie

Rafael Alcides
Nadie

bokeh ✳

© Rafael Alcides, 2016

© Fotografía de cubierta: W Pérez Cino, 2016

© Bokeh, 2016

   Leiden, NEDERLAND
   www.bokehpress.com

ISBN 978-94-91515-58-3

III. Libro de Jerónimo

Breve historia de este libro

Negociando con el editor, logré que veintitantos textos de este libro vieran la luz por primera vez en *Agradecido como un perro*, de 1983. Completo, con unos cuatro textos que fue él mismo añadiéndose en el camino, todos de la década del setenta, no vino a verse publicado hasta 1993, cuando Letras Cubanas me lo pidió, entusiasmada, por las mismas razones que en 1970 Ediciones Unión, de la Unión de Escritores y Artistas, lo había rechazado, asustada. Episodio, éste, que no deja de ser interesante.

Ambas editoriales lo tenían por un libro nihilista, pero ahora, después de la caída del muro de Berlín, el nihilismo podía ser elegante. Y aun saludable. Nada de taparse los oídos al paso de los tractores sobre las estatuas de las divinidades de ayer mismo. Es entonces cuando se puede ser gay y del Partido, tener creencias religiosas y ser del Partido. Y se publica *Nadie* —en el setenta, *La ciudad de los Espejos*.

De creer en el extenso e imaginativo prólogo de este título, estaría el lector frente a un apócrifo que pretendía ser la supuesta traducción hecha por mí de una obra de Franz Kafka recién encontrada en los papeles de una subasta, y que Kafka atribuía a su vez a autor o autores anónimos. Es el texto que he conservado en esta edición, pero ahora colocado al final como una muestra de las astucias a las que no debiera nunca tener que recurrir un autor para tratar de que le publiquen una obra. No mentía sin embargo en el comercial que en dicho texto le hago a Barrancas, si bien el mismo tenía la intención de hacer constar ante la autoridad editorial competente, sin decirlo de manera expresa para hacerlo creíble, que yo, el autor, no había dejado de ser revolucionario. Pero no mentía. Pues todavía en aquel tiempo las diferencias por las cuales vivía en el olvido desde el año anterior (cuando yo mismo me aparté de la vida pública dando lugar a que ofendido el gobierno me apartara además de la vida editorial) eran diferencias de orden metodológico, no conceptual.

Tampoco mentía cuando en el *Agradecido,* equivocando entonces al funcionario editorial que me atendía y después a alguna crítica, incluí como parte de la negociación para que aparecieran allí los mencionados veintitantos textos de *Nadie* el poema «La rosa», en el cual, devoto, como quien llega ante un altar y se arrodilla, le ofrezco a la Revolución mi sangre además de mis huesos para hacer tanques, aviones. No mentía, Dios me libre, pues ese juramento de entonces ante mí mismo sigue en pie. Sólo que para mí la Revolución no ha sido sólo aquel suceso triunfante en 1959 y terminado hacia el 64 o el 65 al completarse en lo fundamental los cambios del nuevo Estado. Para mí la Revolución seguirá durando mientras dure el ser humano. Esta lucha que hoy tenemos por una Cuba democrática es parte de la revolución de mis sueños. Mientras los ejércitos y las guerras no desparezcan y sigan sin cumplirse tres preceptos fundamentales de la democracia, al parecer muy viejos pero en realidad tan nuevos que todavía no se han visto cumplidos de modo total en ningún país, estará el mundo sin completar la revolución democrática. Son los preceptos Libertad, Igualdad, Fraternidad. A ellos me debo.

Sin más, los textos que tan impropios del Hombre Nuevo creyera la UNEAC en 1970.

R. A. [en La Habana, 20 de julio del año 2016]

Yo tengo un amigo muerto
que suele venirme a ver.

José Martí

Noticia[*]

Llegaron al alba con sus camellos.
Pasaron el día armando sus tiendas
bajo el sol y la tempestad de arena,
acarreando agua y escribiendo
palabras ilegibles sobre una piedra
que el tiempo volverá arena
para alimentar las tempestades del porvenir.
Bebieron, a la luz de una hoguera
cantaron y bailaron en la noche
para dispar el miedo,
y sin dejar señas, recados para nadie,
partieron al alba siguiente.

---

[*] Sin título y con manifiesta intención de pórtico aparecen estos versos de arriba encabezando el abundante infolio del cual me he permitido seleccionar algunas de sus páginas menos desoladas. Supuestamente olvidado junto al tronco de un olivo por uno de aquellos misteriosos seres del desierto, es un texto escrito con letra menuda y triste, no siempre legible, el cual contenía además el esqueleto de una flor y un mechón de pelo. Algunos eruditos lo consideran posible obra de autor colectivo. En ese sentido merece ser tenida en cuenta su ostensible variedad de tono y lenguaje, lo cual, por otra parte y según se admite, pudo tener un propósito deliberado. Sin que pasen de ser especulaciones sin fundamento, se han mencionado no menos de diez personas que podrían haberlo escrito y que van desde un famoso astrónomo ya fallecido y sepultado lejos de su patria hasta un cierto eminente hombre público que fue en otro tiempo ministro del Señor y recién ha vuelto al seno de su fe. También han sido indicados por la minoritaria corriente que lo considera posible obra de autor colectivo: reiteración temática, inexplicable duplicación de textos y secciones, la presencia sorprendente del «Libro de Jerónimo», y una nueva circunstancia misteriosa: la palabra Nadie estampada y rubricada al comienzo y al final del manuscrito con aire de firma. Aunque (no se descarta) podría ése ser el título. F.K

con la última estrella.
¿Hacia dónde? Nunca se supo.
¿De dónde venían? Nunca se supo.
Pasaron con sus camellos.

Primeras observaciones y un pronóstico

El mago

Se ha vuelto El Mago distraído,
calvo, profesoral. Con lentes.
Hay que verlo sin capa ni angustia
ni sombrero en la TV. Ha aprendido
demasiado acerca de misterios, pero
ha olvidado hacer el misterio.
Ya ni siquiera nos ofrece El Mago
pequeños juegos de manos. Y
nos condena a vivir (él también)
frente a un telescopio, mirando
la marcha impertérrita
de nada.

El extraño ser

Luego no sabría dónde lo encontraron. Recordó solamente que lo desembarcaron en una casa de las afueras ya con un nombre y los ojos vendados. Le dijeron: Tienes que hacer esto y lo otro, y aquello no lo puedes hacer y si lo haces te rajamos la cabeza con una palo de este tamaño o te sumergimos para siempre en el sótano. Estas leyes no te fueron consultadas pero tienes el deber de obedecerlas. No se contestan preguntas pero puedes preguntar lo que quieras puesto que eres libre. Utiliza esa libertad.

Le dijeron: El pan te será amarrado a un cordelito en el último peldaño de la escalera y cuando estés llegando al pan se tirará del cordelito hasta traer el pan al primer peldaño, de manera que tengas que pasarte la velada subiendo y bajando detrás del pan –la mayor parte de las veces sin alcanzarlo.

Le dijeron: No se te prohíbe conocer personas en la escalera, pero jamás deberás hablar con desconocidos. Tampoco deberás abandonar la escalera bajo ningún concepto. Esto es terminante. En esa área de la escalera eres soberano. Intenta ser agradable con el jefe, muéstrate simpático. Eso pudiera cambiar tu destino. Aunque se te advierte desde el principio que el jefe no transita por la escalera, el jefe asciende directamente por el ascensor.

Le dijeron: Pórtate bien. Si te pegan, no protestes. Es más cómodo. Aprende desde el principio a utilizar tu libertad en secreto. Puedes imaginar que eres conde, por ejemplo. Decide tu porvenir en la casa tú mismo. Tienes derecho a una mujer y varios hijos que se te traerán en un carro cerrado cuando se estime conveniente. No creas en alucinaciones ni aspires a poseer cosas. En esta casa todo ocurre matemáticamente. Estudia, prepárate para mayordomo.

Y nuestro extraño ser entró en el juego, sin comprenderlo pero dispuesto a utilizar su libertad que consumió en silencio, acompañado de la más estricta soledad. Cuando no estaba subiendo y bajando detrás del pan, podía encontrársele en un rellano preguntándose en secreto, con los demás seres de la escalera, el oculto sentido de las palabras del recepcionista, cuya clave aclararía su papel en la casa. Pero como estaba entre desconocidos no debía preguntar ni responder.

Nadie sabe cuánto logró averiguar al respecto. Un día, tal vez como parte del juego, alguien se le acercó, despaciosamente, sopló, y el extraño ser se desvaneció tan repentinamente como había aparecido. Otro carro se detuvo en la puerta con un nuevo ser, y todos en la escalera continuaron en su libertad en busca del famoso oculto sentido, puesto que, después de todo, como muy bien expresaría más adelante uno de los hijos del propio desaparecido hablando consigo mismo, ¿quién podría demostrar, ahora, que la tal criatura existió en realidad? Las alucinaciones, ya se sabe, estaban prohibidas. Tal vez se trataba de una catástrofe matemática que algún día sería esclarecida –no lo dudaba. Tampoco era, en modo alguno, la primera vez que algo así ocurría en la casa –observó. Terminó con un llamamiento general a la cordura.

La estrella

Cientos de personas permanecen dando miedo en las cuatro esquinas como si ya nunca más fueran a reponerse del susto, pues sería inverosímil, y hasta ofensivo para la razón, suponer que tanta gente se haya prestado para representar una foto siniestra. Sin embargo el pie que iba a ser mudado se ha quedado detenido en el aire con demasiada perfección, el brazo que en su pendular iba a regresar ha adquirido la severa plasticidad de lo que ha sido ensayado muchas veces, igual perfección sospechosa muestran los ojos: desmesurados donde los dejara el susto, o el posible susto si se tratara en efecto de una actuación. Pero a la vez, transparenta en cada uno de los rostros un «!Oh!» de terror prisionero en la garganta que de ninguna manera pudiera ser fingido. Y es insólito y es siniestro todo esto y hace daño para siempre mirarlo.

Es una tarde de pronto quieta, silenciosa, suspendida entre el olvido y el crepúsculo, una tarde sorprendentemente sin un ómnibus, ni aun una mota, en la avenida más céntrica de la ciudad. Y toda la eternidad del mundo sigue pasando sin pasar, en el mayor silencio, dejando empero un zumbido muy blanco en los oídos.

El corazón late con premura, un agua muy fría resbala por las sienes. ¿Habremos permanecido siempre aquí, eternamente, como ahora, y todo lo otro ha sido mentira? Oh crepúsculo, crepúsculo, señor, mi testigo, ¿cayó al fin la bomba atómica y no nos hemos enterado aún? ¿Qué podría hacer ahí, si no, esa masa humana mirando nada en tan insólita posición horrible, demasiado perfecta por otra parte? Porque si hubo un accidente, ¿adónde los vehículos de la catástrofe? Y si un accidente de otro tipo, una alarma atómica por ejemplo, ¿porqué no está entonces el tránsito circulando como de costumbre, e incluso más de prisa que de costumbre, y nosotros con él, huyendo hacia los subterráneos?

El recién llegado no lo puede comprender, y jadeando, definitivamente persuadido de que se trata del rodaje de una película pero dispuesto a confirmarlo, se abre paso a través del muro de extras hasta bajar de la acera junto a cuyo contén ha de estar el cadáver destrozado posando a la luz natural de las cámaras. En efecto, no dedujo mal. De la nada, como por encanto, ha surgido entonces en la filmación el ómnibus de la desgracia junto con el tránsito que se reanuda y los extras que se alejan —después de completar su papel dejando escapar al unísono un «¡Oh..!» rotundo y magistral—, y ahí está el cadáver de la estrella junto al contén. Pero él ya nunca confirmará nada.

Tránsito

Antes pasaba de prisa
manejando él mismo.
Hoy también va de prisa,
pero no es él el que maneja.
Famoso de repente,
hoy él va detrás.
Y más detrás aún
va una fila de autos
con pañuelitos llorosos
diciendo adiós con prisa.

Un hombre y una mujer

Un hombre y una mujer avanzan por la calle. Y
ríen. Hacen planes.
Les fue bien en el hotel donde hicieron el amor
y ríen, se citan para mañana. La vida es estupenda.
Mañana él estará tendido en la funeraria una hora
antes de la cita (el andamio
en el último piso se zafó a las once menos cinco)
y tres años más tarde ella ingresará en el hospital,
pero sólo por unos pocos días, nada
de cuidado
(según informará por teléfono la tarde del día anterior
a sus amigas: que ya saben que es cáncer).
Pero ahora acaban de hacer el amor,
tienen una cita para mañana, y ríen, se aprietan las
manos. Ha sido una tarde tremenda.
No se cambiarían por nadie.

La cita del señor

Un señor que va a morir esta tarde
a las 4 y 53 cuando se cayó el ascensor
del edificio donde reside su cuñada Emérita Rondón, viuda de
Arteaga, miope, costurera de oficio,
se ha detenido con su paraguas
al pasar bajo la sombra de un árbol
junto al muro de la acera.
¿Intuición? ¿Presentimiento? ¿Una especie
de revelación? ¿Se quedará allí el señor
un minuto más de lo debido
hasta ponerse fuera de peligro?
Me inclino a creer que no. La sombra pasa,
el reloj apura y al señor apenas le quedan
los catorce minutos justos, imprescindibles,
para, tomando un taxi, llegar en punto al ascensor. Y
de todos modos, dentro de dos minutos, a las 4 y 39
con cincuenta y dos segundos (GMT)
un ómnibus de la ruta 27
se proyectará contra ese propio árbol de la meditación del señor,
causando la muerte de un menor con un aro
que pasaba por allí sin ninguna razón
y se detuvo a contemplar un paraguas olvidado junto al muro,
no mencionándose en los periódicos de mañana
al reseñar el accidente, ningún otro hecho de importancia
ni testigos cerca del árbol que presenciaran el siniestro.
Sorprende que entretenido en disfrutar su sombra
el señor (ya de cierta edad) no parezca tener apuro. Incluso,

acaba de determinar tomarse una cerveza al pasar por la taberna
de 16 y 23. Sin embargo,
¡cosa extraña en estos tiempos!, de repente ahí está un taxi
frenando con estrépito. Y más extraño aún,
el hombre del taxi (cuyo rostro no se divisa bien)
se ha desmontado con una gorra de almirante en la mano,
y abriendo la portezuela cortésmente
le invita a subir.
Aunque al señor parecía no tener apuro
y ha visto llegar el taxi como en un sueño
mientras pensaba con deleite en su cerveza,
distraído consulta la hora.
«¡Dios mío! (se sorprende)…, las y 39!»,
y apresurado y misterioso,
como quien de repente recuerda algo,
olvidando su paraguas,
el señor entra definitivo en el taxi
con una sonrisa muy blanca.

Álbum

Aquí se ve un presidente riendo, con una copa alzada, en el momento de la toma de posesión. Y esta que ríe detrás del Presidente es la Primera Dama. Observen el broche de orquídeas traído expresamente de la India en un supersónico custodiado por militares;

en esta otra se ve un mendigo cubierto con periódicos entre la nieve de los portales;

y en esta otra dos amantes sudan como si acabaran de inventar el amor. El óvalo cercena la cabeza y los pies y no hay nada en el espejo que nos permita asegurar que se trata de un hombre y una mujer. Pero se ve que acaban de inventar el amor y sudan;

en esta otra un millonario copa por sorpresa la junta de accionistas de una compañía petrolera que él mismo había disuelto el día anterior al poner en venta sus acciones. Es el gordo, el de los espejuelos;

aquí, al regreso del combate, un soldado con el pecho constelado de medallas. En su silla de ruedas;

en esta otra, en colores, un famoso abogado de la capital explica las ventajas del nuevo modelo de automóvil (al fondo) mientras sus dos pequeñas hijas asan unas salchichas y él mismo ayuda a su mujer a tender el mantel sobre la hierba;

aquí el novelista de moda;

hay otras...

Nada importante, como se ve, Fotos. Fueron tomadas hoy mismo, pero ya están olvidadas. Ni siquiera es seguro que se trate de fotos reales. Pudieran ser anuncios de la Televisión (*tellops*) o *stills* de prueba, escenas que luego fueron suprimidas en la película.

Como el humo

No se engañe el que hoy levanta una copa en el banquete.
No hay banquete ni hay copa ni está él. Ni nadie.
No se engañe.
        Atended
al polvo. Mirad bajo vuestros zapatos. El sólo polvo
os anuncia que estos días, con Cristóbal Colón al frente
de sus carabelas, serán, en la vastedad innumerable
del tiempo, entre la soledad, entre el polvo, el oleaje,
una edad que duró lo que un *flash* en un cumpleaños, la
    memoria
vaga de un dinosaurio, una edad que fue como una gran pompa
de jabón (si es que de veras existió), que fue
como un acto de magia en el circo.

Comprendo que soy inoportuno. Comprendo
que no soy el hombre que buscan las grandes casas comerciales,
pero tampoco puedo dejar de sonreír al pasar frente a las
    vidrieras:
El polvo me dice que navegamos en un yate imaginario
y que el amor, el amor, sólo el amor
daría (tal vez) algún sentido a esta ilusión.

II.

Frases célebres, mitos, documentos
e ideas dominantes en la ciudad

Informe de la comisión que ventilaba el caso

Somos un experimento que Dios está haciendo
y que tal vez no salga. Nada definitivo.
Sólo un experimento que Dios está haciendo.

Escrito en bronce a la entrada de la ciudad

Si cuando tuviste la fortuna de entrar en el juego tus juga-
das no habían sido previstas, y con ellas las de tu contrario,
él por lo menos había inventado a tu contrario y te había
inventado y había inventado el ajedrez en una tarde que para
ti será siempre un misterio. En esas condiciones, oh viajero,
se te insta a ganar, pero sin discutir con él.

Reseña

En *La comedia del alguacil* Juan era mendigo; Bruno no era mendigo pero le faltaba poco; José Agustín fue el poderoso, el que estranguló a la vieja en el momento de entrar el alguacil con un portafolios perfumado y una flor en la solapa, sacando del bolsillo unas brillantes esposas. Dolorosos en una silla de oficina, los tres en el segundo acto –Juan, Bruno y José Agustín– imploran el perdón del alguacil, apoyados por la vieja asesinada. Pero ¿recordará, al fin, el alguacil haber compuesto y dirigido personalmente esta comedia? Ha caído suavemente el telón, tal vez como un pequeño acto de misericordia. El público, con todo, descortés y temiendo lo peor, continúa al cierre de la presente edición exigiendo la devolución de sus entradas. Tales son las preocupaciones y ámbito (*finaliza el cronista*) de la obra que noche a noche ha mantenido abierto el Teatro de la Ópera en su más brillante, exitosa temporada.

Historia de un proyecto

Dios hizo el mundo en seis días, y cada día tenía entonces millones de años. El séptimo día se nos muestra aún confuso y tal vez ha sido tergiversado. Estaba Dios a la sazón envejecido y el mundo no era todavía perfecto. Faltaba la felicidad, por ejemplo. Había tenido Dios al principio la idea de hacer una criatura que le sucediera y continuara su obra hasta el último día de la Creación. Pero ahora, en ese séptimo, confuso día, algo preocupaba a Dios –que lloraba.

La verdad

Un hombre dedicó su vida a encontrar la verdad. Cuando en una tarde de agonías la hubo descifrado, ya al final de su vejez, no teniendo otro medio de difundirla masivamente, la puso en una carta. En efecto, enseguida se presentaron. Él mismo les abrió la puerta. Oliendo a sándalo, en sus bolsillos de muerto encontraron la carta. Por las apariencias, o había sido escrita con tinta invisible o estaban los doctores del rey en presencia de una página en blanco.

Miles de años después, sin embargo, repitiendo una costumbre remota por entonces, cada domingo, entre el chisporrotear del aceite y el humo del incienso, continuaban los fieles de aquel reino prosternándose delante de la urna que guardaba los restos de aquella carta misteriosa. E insomnes, proseguían buscando la verdad.

El hombre de la cerveza

A Leonardo y a Michy

Un hombre aparece aherrojado con grillos en una celda sin entrada ni salida. Luciendo un fugaz bigote blanco, al día siguiente ese mismo hombre se halla meditando en una taberna. No sabe cómo apareció aherrojado en la celda ni cómo salió de allí, tampoco sabe quiénes ni por qué le aherrojaron. Sabe que en este instante está frente a una jarra de cerveza que testimonia su libertad. Emocionado por tan grata comprobación manda repetir la jarra. Pero aunque del mismo barril y en la misma jarra ya no es, por más vieja, la cerveza de veinte minutos antes. Luego entonces él también, por más viejo, ha dejado de ser el hombre de la primera jarra aunque aparentemente continúe siéndolo. Nervioso, paga y se aleja sintiendo que aun el piso corre veloz debajo de sus pies. El episodio de la aparición y desaparición misteriosa en la celda no le preocupa ya. Ni siquiera está seguro de ser el hombre de la celda aun cuando el hecho permanece fresco en su memoria y lleva como constancia la marca de los grillos. Acaso todo eso ha sido imaginación de la cerveza y en el fondo no hay marcas. Mas ¿imaginación de cuál cerveza? Está en una farmacia esperando que le despachen una aspirina.

Destino de capitán

Para Teresa

Un capitán sale a buscar la muerte vestido de general. La muerte, que le traía el combate previsto para su destino de capitán, le plantea la batalla del general. El capitán pasa revista a sus tropas. Ante la superioridad numérica del enemigo (veinte mil por uno), pide un pliego, un mensajero. Piensa que la Historia lo está mirando: se retracta. Escapará por la noche por el lado del desfiladero mientras simula atacar el puente y aguarda entre las rocas la llegada de los refuerzos. Contraordena. Manda picar espuelas hasta el último hombre y herir en el rostro. Contraordena de nuevo. Acaba de revelársele una estratagema luminosa que no vio el emperador en Waterloo. Solicita un catalejo. La muerte, en lo alto de la colina, sonríe. A lo lejos, detrás del polvo, a trote lento, acercándose, un caballo con oro en los arreos –por último. Ha querido el impostor actuar como un general en la derrota, y se rinde fatalmente como un capitán.

La rosa

El romántico elige libremente una rosa que el Señor sembró en el huerto al alcance de su mano.

El existencialista en cambio se encuentra imposibilitado de elegir. El hecho mismo de que la rosa esté sembrada ya y él necesite de ella nulifica su elección y siempre sería como si se la hubieran enviado por correo.

El marxista no se buscará esos dolores de cabeza del existencialista, ni mucho menos incurrirá en la debilidad ideológica del romántico. El marxista, si ya hizo la revolución, entra en el huerto, elige la rosa y da gracias a la revolución. Si todavía no ha hecho la revolución, el marxista, obviamente, no tendrá huerto donde entrar.

Sin embargo, todos pasan un día. Con su rosa.

Descubrimiento y enojo de la rosa

Hela ahí deshojada como una rosa.
Como una rosa que alumbró en la mañana.
Como una rosa que fue rosa sin saber que era rosa.
Como una rosa que consumió por completo su mañana.

Ah recuerdo de la que ha sido rosa
sin saber que era rosa pasando en la mañana.
Ah tristeza ah desencanto de la rosa
que se descubre rosa cuando ya ha pasado su rosa.
Ah castigo (¿precio?) de la rosa.

En otra mañana del espejo frente a la nueva rosa
(que por el momento tampoco se sabrá rosa)
mustia marchita inútiles ya sus afiladas espinas
hela ahí deshojada como una rosa
en un mundo azul de mañanas y de rosas.

Y al cielo clama la rosa
sintiéndose ficción
(¿de qué? ¿de quién?
¿Oscuros, alucinados sueños de una pobre rosa?)

Silencio,

Diciendo adiós raudo pasa en el viento
un último marchito pétalo de rosa.

Encuentro

Un hombre sale al encuentro de su pasado, representado por un amigo de ciento diez libras. El amigo pesa ahora doscientas, le falta un diente, se ha quedado calvo y lleva espejuelos. No siempre sabe de qué le hablan. Nuestro hombre también ha engordado, también se ha quedado calvo y también lleva espejuelos. Y el diente de menos. Liquidan en dos minutos los antiguos días que tan grandes les parecieran. Se quedan mirándose los zapatos. Ni siquiera saben cómo despedirse.

Hombres

Dos hombres se saludan al pasar.
El primer hombre no es lo que en los libros
se llama un hombre,
el segundo hombre tampoco es un hombre.
Si fueran hombres no irían
temblando, muertos de miedo
          (¿por qué?).
Y sin embargo son dos hombres,
dos: con zapatos, pantalón y camisa los dos,
con una historia decente los dos.
El primer hombre lleva un pan,
el segundo hombre va con un niño de la mano.
Sonríen al saludarse, y se pierden
entre otros hombres sonrientes igual que ellos.

El extraño

Oh viajero,
sufre,
llora,
arrodíllate delante de ti mismo.
En torno tuyo
el mundo se deshacía
y se reorganizaba de nuevo.
Viste caer los edificios de tu infancia,
pasar las nuevas avenidas,
aparecer el rascacielos,
dos veces ampliaron el cementerio.
Fuiste un árbol, una torre,
una montaña de granito
resistiendo frente al huracán,
y esa fue tu gloria
durante un tiempo. Hoy
eres el extraño, el intruso. Tu planeta
no existe ya.
Tú mismo te das miedo.

Crónica de magias

Tocó a su puerta una tarde de viento y agua cuando llegaba el otoño. Quería aprender a hacer magias, y a él le conmovió verla mojada y temblando bajo la lluvia, sin capa, parecida a un gorrioncito que teme ser espantado.

Como primer número le enseñó a hacer una mariposa utilizando una cinta azul de tafetán invisible.

Le enseñó a hacer en cinco segundos un león perfectamente vivo y rugiendo, con dos palabras secretas y un suave pase de manos.

Con un cordón de zapatos, le enseñó a hacer un emperador victorioso seguido por diez mil hombres de a caballo.

Todo eso le enseñó.

Y además le prestó una toalla para que se secara y le dio de comer y le facilitó ropas. Y desodorante. Y la consoló por su infancia triste en una casa donde no la entendían.

Y le dio un talismán.

Dueña de tan excepcionales poderes, ella primero lo desconoció; después lo arruinó, soplando sobre un fósforo. Y colocando dos pelos de gato sobre un pañuelo negro mojado en alcanfor, se hizo nombrar verdugo oficial.

Fabricó entonces una conspiración en la que él era el jefe máximo. Y marchó a su castillo en las montañas a seguir por los periódicos la marcha del proceso.

Fue su primera ejecución.

Dificultades del castillo

Un conde y una condesa que guardaron el amor en un baúl con cadenas para que nunca se manchara y entre dos candelabros se sentaron a cuidarlo la vida entera, decidieron cierta noche, con explicable temor, levantar la tapa de la insólita prenda. Tenían una justificación. Afuera aguardaba el trineo con las doscientas parejas de caballos muy blancos, y en la ventana el arcángel con los cinco minutos exactos que sirviera de mensajero hacía señas desesperadas. Temerosos de que el tiempo no alcanzara, buscó el conde una pata de cabra, la condesa personalmente se ocupó del cortafierros. De pronto, entre los golpes del viento, los copos de nieve y el sonido de los cascabeles del trineo bajo la luna, un grito. Nada más que un grito: compuesto por dos mitades terribles, unos ojos desorbitados y una tapa que cae. El resto de la historia se desconoce y las especulaciones al respecto se cuentan por millares. Por ejemplo, no se ha podido aún determinar qué pudieron hallar o ver los condes al abrir el baúl, puesto que tampoco se ha podido precisar si el par de agujeros que se ven hoy en el fondo del arcón existían ya entonces. De todos modos, la escena puede ser contemplada aún desde una encina a ciento cincuenta metros del castillo todas las noches del mundo siempre que haya luna. El grito no ha cesado, las vacas y las muchachas vírgenes que lo oyen adelgazan hasta morir al jueves siguiente, y es imposible alquilar el castillo.

Un hombre en el planeta

A Paco Chavarry

Diéronle a escoger entre un castillo, unas vacas y un amigo. El castillo (era de ver) se vendría abajo con el tiempo. Era de mármol, con pisos de mármol, y lo protegían murallas almenadas por donde asomaban fatales, con ganas de empezar a hacer la guerra, el humo del aceite hirviendo, catapultas e infinidad de arqueros. Pero el castillo se vendría abajo. Las vacas darían leche y se reproducirían por los años de los años, para su mal, pues al cabo no podría el hombre probar su inocencia cuando lo acusasen de posesión exagerada de vacas y lo condenasen a morir en la hoguera por no dejar espacio en el mundo para los demás. Los amigos mueren jóvenes. Si no hay vacas o castillo, los amigos se van, se van a la larga con su cariño a otra parte –¡Los amigos!… No escogió.

Impresiones de un exilio

Un hombre que no quiso seguir viviendo en la mentira se refugió a un millón de kilómetros del hielo y los neones de la ciudad, pero ni aun allí, tan lejos de los hombres, se sintió seguro aquel hombre.

Tenue como el humo, por las rendijas del techo y las paredes se filtraba en la cabaña la luz de la luna, y el sol de cada día se filtraba también, y con la luna y el sol, franjas de cielo completamente azul en las tardes y en las noches guarnecido de estrellas, y muy negro.

Considerando en su exilio el hombre que ni la luna alumbra en realidad ni el sol sale ni se pone en un cielo que ni es azul ni existe, dándole vueltas a otros asuntos sobre ese mismo cielo y viendo por el deterioro causado en la cabaña por el viento del desierto y los años que pronto de dicha cabaña no quedaría allí ni el recuerdo, pálido bajo una franja de sol, muerto de miedo, se preguntó el hombre si por ventura estaba la cabaña todavía allí ahora, en este instante mismo, si no sería ella también imaginación, imaginación, acto de fe, sueño, puro espectro como el de esas estrellas que dejaron de arder hace millones de años y sin embargo aún brillan en el firmamento engañando al hombre y, a la vez, enseñándole a mentir.

Compadecido de sí mismo, del universo (si es) y de los hombres, tan fugaces y tan ocupados sin embargo en engordar al viento y al olvido con sus fabricaciones monumentales, prendió un cigarrillo.

Con paja de dátil y arena taponeó cuidadosamente las rendijas de la cabaña a fin de mantenerse incontaminado por la mentira. Y cierta vez, después de abrir una lata de sardinas para el almuerzo, estuvo a punto de suicidarse, pero la viga del techo cedió. Es una historia que termina felizmente.

Derrotado, sin sitio en el mundo para la salvación –siquiera para soñar que se intenta la salvación–, y al final espantado, sintiendo miedo de sí mismo, con el último cigarrillo de una luna llena que partía en dos un olivo distante oprimido por el cielo y la tierra sobre una duna, abandonó de repente el fugitivo sus escrutaciones y regresó al mundo dispuesto a fabricar y resistir. Como un hombre.

Suceso muy extraño

Un hombre que regresó de la muerte al quinto día de caerse el andamio, corrió con el dinero del Seguro a comprar un fusil, una ametralladora, petardos, pistola, peines, cintas de balas trazadoras, granadas, obuses, morteros, un cuchillo comando y pólvora de repuesto, todo lo cual puso en su sarcófago. Adquirió dos pintas de veneno que dispuso hábilmente en unos caramelos, debajo de unas rosas, todo lo cual introdujo, también, en el sarcófago, junto con un tanque Sherman y un cañón de 113 milímetros. Ante la imposibilidad de encontrar de momento una bomba atómica a buen precio, tomó unas lecciones precipitadas de kárate. Compró, además, una manopla, una armadura completa, un escudo, tres lanzas, dos sables de caballería y una maza de apabullante tamaño, arcos y flechas. Y una honda. Ese mismo día, jueves, a la una y dos minutos de la tarde, se matriculó en un nuevo andamio. Exigió que lo enterrasen con sus armas del sarcófago, en el acto, sin decir al respecto ni una palabra en los periódicos. Nadie supo para qué. Fue un suceso extraño que sonó mucho.

Historia del porvenir

Un individuo fue llenando su casa de aparatos hasta convertirla en lo que parecía más bien un laboratorio de física nuclear. Empezó por el teléfono, la radio, el refrigerador, la lavadora automática. Cuando una mañana de fin de año se apareció con el robot, ya viviendo en el piso cien de un rascacielos, quedaba en el apartamento justo el espacio indispensable para estar él y poder moverse, a pesar de lo cual no se resignaba a la idea de tener que regar las plantas y abrocharse los zapatos él mismo. Esto trajo al principio algunas inconveniencias al parecer insuperables. Pero sólo al principio. Ahora se cumplen mil años de ese asunto y todo sigue O.K. en el apartamento. El ordenador piensa en la sala, con pipa y pantuflas, el robot continúa de un lado a otro cuidando de no dañar sus sensibles antenas al tener que pasar, sumiendo el vientre, entre tubos y aparatos. Es de reiterar la falta de nuevos inconvenientes. Las comidas se sirven religiosamente en punto, se reclama la correspondencia que se atrasa, los sistemas de alarma contra incendios y bandidos no han dejado de funcionar, y el retrato del individuo permanece todavía en la pared. Enigmática, pero también en memoria del individuo, se ha conservado sin restaurar la puerta del balcón que acabó con las inconveniencias y se le ha dado un nombre: «Puerta de la Paz».

Fábula del gato y el ratón

Durante mucho tiempo un gato ha permanecido mirando atentamente un ventilador en movimiento. El extraño animal gira, echa fresco y no se revela cuando el gato, llevado por sus afanes científicos, intenta o bien comerle el cordón eléctrico o meterle la pata en las aspas a través de la parrilla protectora. La casa, con esto, se ha convertido en un sitio de escalofríos. Entre miradas de piedad y como antídoto contra la neurosis, mi madre a veces, al levantarse a revisar las postas de la madrugada, festeja maliciosa cierta antigua creencia que le atribuye a los gatos un número considerable de vida. Y en rondas de dos por dos, mañana, tarde y noche, continuamos en casa día a día durante todo el año turnándonos junto al ventilador sin que logre jamás hallar sosiego el que duerme ni el que vela pues es de temer que a pesar de tan estricta vigilancia termine un día el gato sabiendo, confirmando sus sospechas aunque sin llegar, el pobre, a comprender nada. ¡Ah! con el trabajo que nos costó hacernos del ventilador, pensando principalmente en el gato.

Anunciaba El Profeta

El infinito es un grano de trigo
en la mesa del Señor. Y el Señor soy yo mismo
en el infinito.

A desentrañar esto
que ya sabía, habré dedicado mi vida

–sin conseguirlo.

Ponencia

Esto es confuso, está oscuro (a pesar del fósforo) y no se ve. El hombre busca y encuentra cenizas húmedas, restos, trapos, monedas cubiertas por un alga terrible, utensilios para el bien o para el mal, a veces un poema, pero lo que de veras busca, eso no lo encontrará. Con los antiguos habría sido fácil. Mas ¿cómo explicarle a ese hombre del fósforo que él es la oscuridad en la cual se busca y es, a la vez (y tal vez también lo que busca), la sombra, la sola sombra proyectada por esa misma oscuridad en la que pasará en su eternidad como un loco o como un ciego, o más exactamente como una noche frente al espejo, buscando en su celda? Basta con mirar junto al fósforo.

Gritos

Usted pide auxilio en la noche y desconfía del vecindario, pero quizá a esa misma hora de la noche estaba el vecindario a su vez pidiendo auxilio y esos gritos que oyó usted entonces no fueron el eco multiplicado de sus propios gritos, sino que fueron los gritos reales de cada uno de sus vecinos desconfiando a su vez de usted por hallarse ellos en igual confusión que usted respecto a ellos. Vivimos en un mundo civilizado, no lo olvide. Aparte de que no es fácil encontrar en la oscuridad los brazos, las piernas, un ojo, todo lo artificial con que hemos logrado sobrevivir en el barrio.

Historia de un fallo

Cuando el presidente del Tribunal Examinador se sentó a calificar, hizo una cosa insólita: repartió 100, 100, 100 y 100 entre una serie de trabajos mediocres, mal redactados algunos de ellos, ideológicamente incoherentes los más y hasta con faltas de ortografía. En cambio, en el margen superior de un trabajo brillante puso un cero definitivo.

Cuando en su oportunidad el examinado se presentó a reclamar, el presidente del Tribunal, hombrecito menudo de guerrera de dril impecable y mirada penetrante perdida detrás de unos espesos cristales, le habló desde su poltrona en estos términos:

—Esos alumnos de 100 dieron el máximo. Ni sus temas valían gran cosa, ni ellos poseían mayor talento. Dieron lo que pudieron: lo que tenían. Usted, en cambio, tuvo en sus manos uno de los mejores temas que se han visto en este Tribunal. Y empezó muy bien, créame, empezó ejemplarmente bien. Toda la primera parte de su trabajo es admirable, y aun, magistral. De proponérselo, joven amigo, pudo usted habernos legado una tesis de valor universal y permanente. Es cierto que en gran parte lo logró, pero no al final, y menos estilísticamente.

Y estirándose enérgico los faldones de la chaqueta mientras se ponía de pie para dar por terminada la entrevista, agregó con tristeza el presidente del Tribunal:

—Por eso, respetable joven, por su falta de constancia, por el fraude, el cero que se le ha dado.

III.

Libro de Jerónimo

Viento

El viento abre las puertas
y el viento las cierra,
Entre papeles, polvo y hojas secas,
a veces dejó una prenda en mi puerta,
a veces, por el contrario,
me dejó en la calle.
No le odio, no me quejo
(ignoro sus designios).
Pero me asustas,
oh viento, tímida esperanza.

Filme

Ha sido como ver pasar la película
de lo que pudo haberme sucedido,
de lo que estuvo a punto de sucederme,
de lo que ya iba a sucederme
cuando misteriosa la mano del Señor
lo detuvo. Llenos de espanto los ojos,
apilados en torno, quienes lo han visto
no lo pueden creer. Y tiemblo,
me derrito mirando los despojos,
los pedazos del juguete roto
que por un milímetro no he sido yo.

Horas de pánico

Con susto, con mucho susto se vive aquí. Insomne
durante toda la mañana el estrépito de la desgracia aulló
      por la casa, pasó por la sala, resonó en los cuartos,
      en el baño, dio gritos de espanto en la cocina,
y ni el café ni los cigarros ni la lógica ni nada
de lo que con tanta astucia hemos inventado para sobrevivir
tenía éxito con mis nervios. Esfumada en su sitio del cajón
      de los recuerdos
donde la vi todavía anoche, adónde pudo ir a dar,
a qué sitio del mundo voló sin tenerme en cuenta aquella
      foto que por treinta años me acompañó
entre los ruidos y el viento de esta ficción, tal vez
cansada, la pobrecita, de verme fumar y pensar
–pensar que yo mismo soy una foto que se afeita y se baña,
pensar que están llenas de fotos que coleccionan fotos
      las casas y las calles,
pensar que toda la vida es una inmensa, desolada fotografía.

Y pensé en los muertos de mi casa
      (ahora fotos),
pensé en mis amigos muertos y en todo lo que ha muerto
en mi vida hasta formar un luto que no cabría en las fotos
      de la tierra.
En todo lo que fue y ya no era, en todo lo que tuve y perdí,
en toda aquella gloria que hoy era ceniza, puro polvo de un
      sueño, en fin,
en todo aquel paraíso que tan cierto parecióme una vez

he pensado cuando con el pregón del florero de las once
—anunciando girasoles, gardenias, gladiolos, azucenas,
           nelumbios de ultramar y nomeolvides—,
apareció en su sitio de siempre, prodigiosamente, como
           por encanto,
como acabada de poner allí por una mano misteriosa,
la foto que apresurándome ya daba por perdida.

En un mundo de trenes que no van a ninguna parte
y de sueños que en el sueño se deshacen, en un planeta
donde sólo las fotos y las palabras permanecen,
en una feria así (cavilaba yo) ¿qué magia, buena o mala, qué
           milagro
podría sorprender? Y oscuro, oscuro, completamente oscuro,
llevado por un oscuro sentimiento irremediable,
echándome de pronto unas fotos encima,
he salido a la calle, ya con el sol de las cuatro,
a mirar en la bodega y en el puesto de periódicos,
en el café de la esquina y en el parque —luego
           de registrar la casa otra vez,
buscar debajo de las camas, abrir puertas y escaparates,
dejarlo todo al revés—
y con las fotos de mis muertos en la mano,
repitiendo en voz baja las palabras mágicas del florero,
he seguido calle abajo interrogando a los niños,
que todo lo saben, y también le he preguntado a algunos
           transeúntes
que parecían buenas personas.

Ahora he vuelto a la cordura, a la lucidez,

y un hombre oscuro medita y llora en la mayor penumbra
con los brazos cruzados sobre el pecho y sobre los brazos la
    cabeza,
sin saber, el pobre, si está sentado en la cama o está soñando
    definitivo

desde una foto en la pared.

Éxodo

Se van, se están yendo.
No avisan, no se despiden,
no dicen adiós. No escriben,
no vuelven, no regresan.
Insensatamente
un día toman su corbata
y se ven por un túnel
oscuro y largo.
Territorio que parecía sueño,
al fin ha llegado esa edad,
esa época, ese día
de pesar y pensar.
Como las golondrinas
después del invierno,
de repente se van,
se marchan. Y hay
en toda la ciudad
un ruido de maletas,
de corbatas, de pisadas
silenciosas, de gente
furtiva huyendo
igual que ladrones
sorprendidos por el alba.
Son los amigos,
los que se decían tus amigos,
esos ingratos, irreverentes
hijos de la gran puta,

marchándose
–como las golondrinas,
como los enmascarados,
como el que tiene culpa.

El día más solitario

El día más solitario del mundo
será el de tu muerte.
Después, resignación,
después costumbre,
y el olvido después.
incluso el olvido de ti mismo.
Pero qué solitario, qué soledad
tan grande, ¡válgame Dios!,
la de ese primer día tan largo.

Las cosas del hombre

Las cosas que fueron del hombre,
su cepillo de dientes, sus trajes, sus corbatas,
su espejito para recortarse el bigote,
sus zapatos debajo de la cama
(ya zapatos solamente),
sus papeles, fotos, medallas
de los días escolares
y todo lo que el tiempo olvidará;
las cosas que fueron del hombre,
las pobres, inmensas cosas
que le sobrevivieron, ahora
tan tranquilas, tan perfectas, tan calladas
y reales como solía él parecer cuando fabricaba
entre nosotros, y da miedo mirar
las cosas que fueron del hombre.

Miedo

También ha muerto el día de mañana
o se ha marchado del país, y hay un sitio
del pasado, un antier de la nostalgia
donde el transeúnte cae irremediablemente
convertido en trapo, polvo, cenizas
sin sentido que el viento se lleva.
Mas el miedo es extraño, y pasa
al cabo el hombre por aquel sitio de peligros,
con sus fantasmas, con sus pedazos,
aburrido como un humo entre la bruma y los escombros.

Memorias de un viajero

Esto lo hizo alguien puesto que alguien lo rige. No es posible que los hombres solos, tan simpáticos a veces, sean los solos responsables de esta cosa.

El barco elegido

Todo ese día vieron flotar el pelo y se escucharon los gritos. Nadie a bordo ignoraba que ella era la estrella famosa, la mujer más bella del mundo, el sueño de los sueños. Y dando golpes inútiles sobre el acero del casco, continuaba allá abajo la infeliz, agarrada a una cuerda, pidiendo auxilio, convincente como si la estuvieran filmando.

Mas como contradiciendo sus mejores películas no era la estrella un ser excepcionalmente triste (ni siquiera a pesar de las depresiones nerviosas que la llevaron años atrás a construirse un palacio pintado de negro con aviones en el patio en lugar de perros), nada pudo hacerse por ella excepto rezar por su palacio y sus aviones.

Con los lilas y morados de la tarde que moría, al fin se hundió la estrella con todo su pelo. Asomado sobre cubierta la vio un vigía hacerse olvido en el olvido, y eso fue cuanto vino a quedar de sus películas.

Después, se juntaron los días y las noches
hasta formar un libro de miles de páginas tristes;
sin desdeñar latitudes, navegó el barco
por todo el planeta. Aferrados a cajas,
troncos, toneles y maderos, millones
de hombres y mujeres de todos los colores
le hicieron señas desesperadas
o se acercaron al barco intentando abordarlo,
con apellidos imponentes algunos de ellos.
En vano. Jamás logró la piedad

quebrantar la ley del barco. Y aun
cuando al final fueron salvados
veinte hombre y mujeres solamente,
no perdieron la fe sus tripulantes.
Remendaron sus ropas y vivieron de la pesca,
más algún pan que caía en cubierta de vez en cuando,
con legumbres y bolsas de café.
Tras rezar por los muertos y suplicar por ellos,
hacia la penúltima noche del segundo año
fueron batidos por la tormenta
a la altura de lo que había sido una ostentosa capital,
ahora yacente en las profundidades,
ahora sepultada, sumergida,
sin que nada en aquel océano de olvidos
permitiera sospechar los rascacielos de ayer mismo
con sus torres de televisión en la azotea,
los neones que colorearon las noches,
las rampas de cohetes que desafiaron el cielo,
ni nada de lo que había sido el esplendor de la ciudad,
el poderío de su gloria y su desgracia. Fúnebres,
las olas arrasaban la borda en la medianoche,
pasaban sobre el puente de mando, debajo de las centellas,
pero nada podía la tormenta contra el barco
debido a la condición de tristes
que como un puntapié en el alma
signaba a sus tripulantes.

Con la encomienda de repoblar el mundo, navegaban
hacia un punto escondido detrás de la línea del horizonte
con la misión de empezar otra vez, pues en el Cielo,
donde nunca se deja de soñar, no renunciaban

al sueño de redimir la Tierra, de hacerla al fin habitable,
de hacer de la Tierra una casa íntima, sin banderas
y sin sollozos, una casa eternamente verde,
un palacio bajo el cielo cuajado de luminarias
tan decente y confortable como si el Señor en persona
con todas su maletas estuviera por venir a instalarse a vivir aquí
mañana mismo, hoy a lo mejor. Con los ojos iluminados,
la barba al viento, ese era el mensaje
que a cada náufrago le trasladó el capitán
de alas impolutas al recogerlo en aquel océano sobrecogedor
formado de repente con las lágrimas de todos los que han
    sufrido
ahora y en el pasado. Y todos en el barco nos abrazábamos
con la felicidad secreta del que lloró mucho para algo.
Planeando sobre cubierta con las alas extendidas
pasaba un albatros cuando en eso se escuchó, allá afuera,
la llegada del carro de la leche con su estruendo habitual.

Amanecía otra vez.

La alegría

La alegría es, según lo entiendo y me ocurre, una pausa
entre dos dolores. Nada más que una pausa.
La alegría es por lo insólito.

Escena

Tal vez allí, entre aquellas dos estrellas,
en aquel paño de cielo que ahora es el silencio,
el olvido, el misterio, tal vez allí
existió en otro tiempo
un planeta, una civilización
donde un viajero sin respuestas
(como tú esta noche)
meditaba mirando las estrellas.
Una civilización de rascacielos y bares alumbrados
con neones.

Una civilización
de cines, con actores de cine. Y premios de la Academia.
Una civilización que había sobrevivido a las bombas
y llena de planes y enamorados que se besan
giraba como un sueño en el espacio.

Tal vez –te has dicho. Y cierras la ventana.

Las hojas en el cine

A Rufino Fernández y María Luisa Mardones

Yo recuerdo, cuando muchacho,
que las hojas de los árboles
caían rápidas en el cine, para significar
el paso de los años. Un gran viento
las batía, algunos copos de nieve,
y las hojas caían
sin angustia. Completamente inverosímiles.
Hoy recuerdo aquel viento
y aquellas hojas
con angustia. Así ha sido. Como en las películas.
Completamente inverosímil.

Días

Años y cosas que fueron
siguen siendo eternamente (todavía).
Es como si al pasar, misteriosos
se fueran quedando los días
detrás del cristal de una vidriera.
Transparente y detenido
con todo lo que ya no es (y acaso
ni siquiera fue ya),
mágico allí te ves, una mañana,
con tus colores y tu corbata
y la imprecisa raya al medio de tu infancia,
yendo a la escuela tú mismo
mientras mandas a la escuela a tu hijo
una mañana. Y en tan extraño juego,
llega un día de viento y otoño
en que no sabes si estás
delante
o detrás del cristal.

Vivir es extraviarse en un sueño.

Aventuras

Ando buscando a un niño
que se quedó montado
en un caballo de palo
por aquí, por aquí mismito fue:
por estas veredas del fondo de la casa
donde alegres
          picoteaban las gallinas
ayer mismo,
hace apenas treinta años.

Lleva en el bolsillo
el muy travieso
un trompo que era mío,
y en los cabellos
las manos de mi madre.

Necesito encontrar esas manos.
Es preciso rescatar a ese niño.
Mi madre, muerta ya, teme lo peor.

¡Socorro!… ¡Venid
todos los de entonces! Tía Anaís
con su vestido estampado
y su peineta, Lady, Eloy, Luca
la amiga de mi madre.
Pero tampoco vosotros estáis.
¿O está el niño y estáis todos

y sólo yo me he perdido?

Anochece. Llueve. Hace frío. En la TV.

Las hadas dicen hasta las doce

A mi hija Josefina

El hombre tira la juventud por ahí
porque tiene a su favor el día de mañana,
ese día a colores donde no existen los problemas,
ese día donde estaremos todos
con Sophia Loren en un periódico de la Riviera.
Es como tener un tío rico
del cual somos el único heredero.

Y así andamos por la calle
famosos escritores, futuros presidentes,
médicos que descubrieron una droga contra el cáncer,
entre aplausos y fotógrafos.
El prestigio del tío rico es grande.
Nuestros cheques son aceptados en todas partes,
Sophia Loren nos manda cartas apasionadas
escritas con largas lágrimas de muchos años de llanto,
anuncia que sólo le faltan nuestros brazos
para morir al amanecer
como una estrella.
El día de hoy no alcanza para recordar todo lo que vamos a
    hacer mañana.

Continuamos con nuestros *Rolls Royces*.

En los países socialistas adquirimos una silla en el Comité
  Central, junto a la silla del Dirigente.

Pero una noche a las doce
tocan con urgencia a nuestra puerta
y no es el hombre de los telegramas.
Es el día de mañana. Personalmente.
Con dos abogados vestidos de negro.
El famoso día de mañana,
que llega con la cuenta.
El plazo se ha cumplido.
No hay nada en las gavetas del soñador.
La estafa ha sido consumada.
Uno intenta explicarse,
dice que no ha sido su culpa, que tal vez un año más, que
  si su tío…
Los abogados se miran entristecidos por encima de los espe-
  juelos. La escena es penosa. No es posible hacer nada por
  el desobediente. Lo del zapatico encontrado fue una parte
  agregada en el cuento de *Cenicienta*.

Todo ha terminado.
El día de mañana levanta el aldabón
de la siguiente puerta.

Historia de un viaje

Él vivió siglos enteros
esperando la sombra de un bigote
para abandonar la aldea
y en un velero de lilas velas
salir,

      salir a recorrer el mundo.

Ya lo recorrió.

El mundo era redondo
y la gente
pensativa y misteriosa
en los funerales
y alegre en la Navidad
–igual que la gente de su aldea
hoy perdida
 en las brumas del mar de antaño.

De vez en cuando bebe,
eternamente fuma, y recuerda,
recuerda los tiempos cuando soñaba

salir a recorrer el mundo.

Volver

Al doctor Ramón Vidal

Si te demoras demasiado en volver
después será tarde. Los niños se hicieron grandes
entretanto, con los árboles y el barrio;
los grandes se hicieron viejos, con el cine
principal; donde estaba el bar
hay una funeraria, tú mismo has envejecido,
construyeron una nueva avenida,
¿y a dónde vas a volver
si aquel pueblo de entonces no existe ya más?

Pasaron

Pasaron los blancos días,
cayeron las nubes doradas,
pasó el carnaval,
también pasó el río,
pasaron las aves por el cielo,
pasó René, pasó Agustín,
polvo de un sueño,
también pasó Maité
(de senos tan pequeñitos
que cabían en una mano),
lluvia muy fina,
todo lo que valía
pasó, se hundió
como el sol
detrás del horizonte,
y no hay trenes que partan para allá.

Ni aviones.

Instante

Me he pasado la vida perdiendo el tiempo.
¿O me ha pasado el tiempo perdiendo la vida?
Dos auras vuelan entre las nubes del mediodía:
una de ellas desaparece y la otra parece un avión
        dando vueltas
(¿un avión de reconocimiento?)
Me he pasado el tiempo perdiendo la vida.
¿O me he pasado la vida perdiendo el tiempo?

La ceniza de un cigarro

De mis sueños de otros días,
la ceniza de un cigarro;
de mi juventud que se perdió como un niño
en ciudad extraña,
la ceniza de un cigarro;
de la muchacha que pasó sin detenerse
y de la que huyó llevándose mi corazón,
la ceniza de un cigarro;
y hasta de mí mismo,
la ceniza de un cigarro.

Fui un cigarro bajo el sol y las noches,
y mi vida ardió como un cigarro:
y de todo lo que fue y lo que no fue,
lo que he sido y lo que no será,
me queda

la ceniza de un cigarro.

Pregunta

Soy mortal. Esto me preocupó durante algún tiempo,
después descubrí que no, que de ninguna manera. Era
la prueba suprema de que estaba vivo. Ahora
me pregunto solamente:

      ¿para qué?

Epitafio

Confieso que perdí.
Malgasté mi vida en palabras.
Viví entre fantasmas.
El tiempo me derrotó.

La felicidad

Y sin embargo
el paraíso existe,
la felicidad existe,
ellos están en nuestra memoria,
¡oh viajero!,
con un poco de piedad
allí seremos felices
(pasando algunas páginas).

IV.

Crónicas de la cárcel

El juego

Para Daniel

El juego está marcado desde el comienzo.
El niño, con esa oscura intuición de niño,
lo sabe,
       y entra en la vida
haciendo de policía o de bandido,
o de ambos alternativamente
si es un niño complicado.
           El juego
ya no se detendrá.
Tal vez el niño no sepa
que luego las balas serán de verdad
y amargos los días de la cárcel,
más amargo aún el engaño de los del resto de la banda,
y que el que cae muerto o asalta una diligencia
lo hace para toda la vida,
pero el niño entra en el juego,
como uno más,
           disparando al corazón.

Y sin embargo

El hombre es bueno, el hombre
no sabe. El hombre es un cordero engañado.
Si a veces se revuelve, gruñe, es por defenderse.
El hombre es un ser acosado, un triste ser,
el más gentil de los seres.
No lo calumniaré.
El hombre no es el semejante de sus jefes.
Ustedes se equivocan.
Los hombres no luchan contra el olvido.
Los hombres luchan por un pedazo de pan,
luchan por una hectárea de tierra o por un apartamento
donde tumbarse con una cerveza a tener hijos;
por eso luchan.
                        Al hombre
no le interesan las medallas. El hombre
no sabe. El hombre es un ser elemental,
un ser más simple que el agua,
más reconfortante que el vino,
mas puro que un tabaco.
El hombre, señores, nunca hizo ningún mal
como tampoco hizo ningún bien.
La Historia la hacen los jefes.
Vuelvan a leerla.

El camino del rey

A David Chericián

Detrás del coche van doscientos heraldos
que anuncian a la tierra la gloria de su Señor.
Detrás del coche, dos mil mulas con encajes,
rasos, joyas, especias, perfumes
y las armas de los caballeros muertos
en torneos que hicieron palidecer la corte.
Han sido veintinueve semanas excesivas que no tendrán olvido,
anotan los escribientes. *Príncipes*
de todas las naciones asistieron a los festejos
[…] La liquidación del malentendido
confirma la tradicional amistad mutua
y comprensión recíprocas
entre los dos antiguos reinos. Aquí y allá
van los escribientes recogiendo los pañuelos
dejados caer por las princesas
en los relatos. Anotan con cuidado
los duelos, las nostalgias, las noches de adulterio
en alcobas alumbradas por la luna mientras
se ultimaban con honor los detalles del matrimonio,
todo lo que será la historia del mañana,
vale decir.

El fulgor de la conversación y el vino tinto
impiden ver. El incómodo tas tas
bajo las ruedas del coche y las patas de los caballos

es apagado por las risas y el propio vino tinto.
Y otra vez vuelven los quinientos caballeros, uno a uno,
a estrechar la mano personal del rey Arturo
en un recodo del camino.
Los escribientes continúan escribiendo.
«Ha sido como leer Tirante el Blanco».
«Pero en los esponsales de Tirante el Blanco
no ofició el Santo Padre» −observa el Condestable,
devolviendo al duque la garrafa.
Las mulas avanzan con los recuerdos.
El mariscal que hizo la guerra galopa en su página
aparte, doscientos cincuenta generales que estuvieron con él
en la contienda pero que ahora están en ninguna parte,
le acompañan. Hablan de vacas, carneros, tierras.
Y pasa el monarca con su comitiva y la reina recién desposada
perfectamente embarazada para el viaje,
mientras una nueva guerra va apareciendo netamente
en su cabeza coronada.

(¡Mayo, con sus lluvias que todo lo pueden!)

Nadie sabe (ni aun los escribientes)
en qué punto del camino ocurre lo inesperado.
(Habían callado.) Las brujas se mezclan con el vino
y ahí están los esqueletos. A lo largo
y en medio del camino. Resplandecientes.
Entra la comitiva en un país extraño.
Esqueletos resplandecientes como páginas en blanco.
Esqueletos que nunca tomaron vino
(la blancura de sus huesos lo denuncia),
extraños habitantes de un país extraño
saltando en pedazos, como cristales, como espejos,

como los propios esqueletos,
delante de los caballos y bajo las ruedas.
(Está pasando la comitiva por una zona encantada.)
No se ve una mata de trigo
ni se escucha un pájaro en la pradera.
Ni hay un árbol. Solamente la tierra calcinada,
el hierro herrumbrado, los esqueletos
y el eco sin fin de las espadas
(Está pasando la comitiva por una zona encantada.)
Aún al monarca daría miedo la desolación
del paisaje, las cenizas levantándose en espiral
y los terribles esqueletos.
Pero el monarca pasa en un coche cerrado
contra el polvo, los fantasmas y el olvido.
Tal vez el mariscal pudiera explicar
la insólita visión. Pero el mariscal se ha adelantado
en su página aparte. Cuando ya nadie recuerde al monarca,
él seguirá estando en la Historia. Galopa,
galopa. Se adelanta con su vino tinto.

Pero ahora no es mayo. Todavía no es
mayo. Faltan meses para las históricas bodas reales
que sellarán la alianza. (El mariscal permanece seguro en
    su puesto
detrás del catalejo.) Ahora es todavía el otoño
que desprende las hojas, la nieve se acumula
en las montañas, y la batalla recién va a comenzar.

Quinientos mil hombres se disponen a morir.

En el camino.

Estos son los hechos

El jefe de la policía no acude en mi ayuda
contra los policías y bandidos que se introdujeron
con las sombras en mi casa, ultrajaron
con ello la bandera y escribieron al final
letreros obscenos en las paredes,
junto a la cama de mis hijos,
exactamente debajo del retrato de los mártires,
–el último argumento que nos quede.
La casa sigue sin puertas y sin ventanas.
a merced de nuevas incursiones de policías y de bandidos,
mis hijos peligran y, francamente,
no duermo. Vivo con una pistola debajo de la almohada,
oigo ruidos y temo sobre todo
encontrarme una de esas noches en la oscuridad
al propio jefe de la policía entre los de la banda.

El último poema

Leyendo un poema del hombre que va a morir,
del semejante que ahora vamos a ejecutar
por infiel,
        me pregunto
pensando en Juana de Arco,
pensando en otros muchos tribunales
de los que yo también formé parte,
si ese hombre morirá de veras,
si no estaremos cometiendo otro gasto inútil
de plomo,
acumulando más desvelo
entre tanto muerto que se niega a morir.
        Me pregunto, me pregunto…
Pero ya ha sonado la orden de fuego.
Y es de mañana.
Y han pasado 40 años.
Y tal vez no hubo infidelidad.

La historia se ha repetido.

Pero mis ojos no dan ya para más.

Es por eso que ahora, pálido de sueño,
me levanto en medio de la sesión
y digo para que todo el mundo me oiga:

    Señores del Tribunal:

Creo en la culpabilidad del reo.
Yo también exijo que se le fusile.
Mejor aún, ¡exijo que se le queme en la hoguera!
Pero dentro de 40 años.

Y este es el poema del semejante que va a morir.

Lo releo.

Comprendo que nunca debí escribirlo.

Y muero.

Discurso ante la tumba de nadie

Fuiste un enigma. De algún modo te dio lo mismo pitos
que flautas.

Te negaron, te acusaron, hicieron estafas con tus cosas y no
protestaste. Desde niño no perdiste el tiempo.

Temprano cuando empezaron las querellas, te hiciste a un lado
en la mesa de la familia

No te interesó ser doctor. No pensaste en ser millonario.
Fuiste feliz en tu penuria con Vallejo y Walt Whitman en
los portales.

Y algunas noches con Rita Haywort, en un cine de barrio.

Tuviste un fusil para matar a un policía y no te presentaste
después a reclamar la medalla.

Ni siquiera a tu mujer le hablaste de esos años en que todos
te creían vendiendo insecticidas.

Llorabas, sufrías, reías a medianoche frente aun espejo
sin luna, tú solo.

Aún insististe en no salir al teléfono cuando de las redacciones
llamaban para saber quién mató al policía y estaba todavía
en blanco ese momento de la Historia.

No cultivaste la amistad del jefe

Y más de una noche te hizo llorar el policía derrumbándose
encima de sus zapatos de repente rojos para siempre

(el mismo policía que volverías a matar desde la
misma azotea, de concurrir las mismas circunstancias.)

Ni el amor ni los amigos equivocaron tu camino.

Fuiste siempre el apático, el desmemoriado
frente al espejo sin luna de las primeras noches.

En ninguna planilla de la época aparece tu participación
en la guerra.

Fuiste un hombre excesivo.

A nadie contaste lo del policía.

Un día, con tanta imprevisión, tu casa se tambaleó (era
natural), pero ni aún entonces saliste a buscar un albañil.

Ahora te cubren los escombros, revolotean en torno tuyo
las tiñosas, no hay manera de rescatar el cadáver, y
ya alguien a quien no le ha ido mal
se acreditó la muerte del policía. El hedor es
Insoportable.

Amigo y compañero:

Nada se perdió. Tampoco ha cambiado nada. Tu memoria del futuro te hace justicia. Te adelantas un poco en el olvido. Te adelantas. Eso es todo.

Nadie

Para inmortalizarlo
le erigieron una estatua.
Después pasó el tiempo,
llegaron las guerras,
los éxodos. Ocupada
y saqueada sin descanso,
la ciudad conoció el fuego
un siglo y otro siglo,
y las cenizas de sus llamas
flotaron sobre las ruinas
dejando un color de nieve
a lo largo del milenio.
           Por capricho,
por razones de Estado
o para llevársela de trofeo
a lomo de mulo, pudo
un invasor
arrancar del monumento
la tarja que recordaba
las señas de aquel inmortal.
Pero la estatua resistió.
Asustada, hela ahí,
aún, viajero, de pie
mirando pasar la eternidad
en su famoso parquecito
de nombre ya inmemorial:
«El parquecito de Nadie».

En el entierro del hombre común

A Raúl Luis

Cuando un entierro con dos máquinas solas
pasa y nadie se fija, yo tiemblo, me estremezco,
palpito; siento miedo de ser un hombre.
                    Pero me sobrepongo.

Algo muy importante acaba de suceder en el mundo
y empiezo a tararear el Himno Nacional.
A estas alturas mi corazón no puede más.
Había seguido con la vista el entierro.
De pronto echo a correr,
me reúno con los que están junto al hoyo,
tomo valor yo también para dejar caer el terrón.
Ese muerto es para mí el triunfo de la especie,
ese muerto anónimo
que fue el alma del combate sin embargo,
pero ahora ese muerto solo
sin más victoria que el silencio.
Y lloro militarmente en la tumba de mi único General.

v.

Cartas halladas dentro de un
libro en una ciudad lejana

Clavel y tiros

El corazón de ese hombre
anda como diana
sobre la que han disparado todo un año
los tiradores vestidos de azul de la competencia.

Ni duelos de taberna
ni batallas en Viet Nam
(ese hombre nunca ha salido del barrio).

Con las manos en la cabeza
vigilando el oxígeno del moribundo,
diagnostican los médicos:
incomunicación,
incomunicación.
Ha sido la incomunicación:
la guerra sin misiles que nos va a matar.

Optimista,
mentiroso o cobarde,
o tal vez para que el tiroteo no acabe,
al otro día, muy temprano,
corta el agonizante de la víspera
un clavel
y sonriendo como Chaplin
lo ofrece a un semejante

(esta vez a una mujer).

Cuarto cerrado

Para Ángela Mercedes Morasen (Mamina)

Leía yo junto a la lamparita del sofá cuando en la cortina de la sala apareció la primera sombra chinesca. Era una hoja seca que el viento hacía girar sobre mi cabeza, después fue un conejo con alas y después un oso paseando por el parque en bicicleta contento de sus tirantes nuevos. Demasiado importante sin embargo era mi lectura y de sobra conocidas en el edificio las habilidades de «el de enfrente», de manera que pronto dejaron de interesarme aquellas ficciones de feria. Y hasta la medianoche, cuando desafiado por cierto pasaje enigmático aparecido en la lectura he vuelto a levantar la vista para interrogar a las penumbras, no la he visto. Sentada a mi lado con dignidad conmovedora, no podía sin embargo la desconocida disimular un cierto aire de susto acaso mayor que el mío. Miré la puerta cerrada con cerrojo y aldaba, pensé en las ventanas igualmente aseguradas. Recordé mi soledad. ¿Por dónde pudo entrar? Dos eran sus maletas: una de ellas nueva y sin uso, con sólo un pasaje de regreso. La desconocida no supo o no quiso contestar mis preguntas. Aquí sigue una historia de calamidades, pequeñas incomprensiones al principio, y algunos besos de los cuales tampoco la hago responsable. En esta tarde de aniversario, empero, ella mira hacia el edificio de enfrente con temor, con demasiado temor, con bastante más temor que otras veces desde que ella también empezara a tener pesadillas, y yo la acompaño, como de costumbre, en hora tan terrible. Entrelazadas nuestras manos tiemblan heladas detrás del parapeto del balcón e, inmisericordes, se clavan las uñas sin darse cuenta. Pero «el de enfrente» nada aclara. Impecablemente vestido de negro, con su flor de siempre en el ojal, nos contempla a su vez desde el balcón de su *pent house*, como en otras tardes, y sonríe. Candorosamente sonríe, como el que nada sabe (y tal vez no sabe), pero se va, sospechosamente se va a hacer su programa de sombras por la TV.

Una miel envenenada que gotea

…Y cuesta trabajo abstenerse de hacer confidencias,
pero demasiado ha cambiado el parquecito debajo del puente,
yacen muertas las calles de entonces, pobladas por sobrevi-
    vientes nada más,
y tampoco por el malecón se pudiera ya pasar ni aun en traje
de estaño, con escafandra de estaño y resortes especiales
para no llorar. Cada dos centímetros muere un hombre en
    alguna
parte, y tal vez las noches no vuelvan a ser lo que eran
cuando la luna brillaba perfecta en el espacio
iluminando particularmente a las parejas.
Las torres de televisión, que ya entonces temía
como símbolos de un progreso bárbaro al cual la humanidad
    ha apostado mi porvenir
                (sin consultarme)
pero que al menos eran bonitas en la noche, con su lucecita
    roja
como una gloria y una propaganda, allá, en lo alto
                (como una gloria),
hoy en cambio me mantienen sin dormir,
desvelado por completo hasta que cantan los gallos lejanos
coincidiendo con el ruido de los carros de leche, el olor del
    pan y la ciudad que amanece.
No sé por qué, pero sucede.
Y ya no ocurren milagros. Ni casualidades siquiera.
En Casablanca los muertos se quedan sentados en un parque
esperando resucitar, y todo es pena, aflicción, y otra vez

pisadas de nadie (porque hay un misterioso ruido de tacones
en otra parte, que me gustaría investigar), y mucha aflicción.
Las horas con los amigos pasan enseguida, el cartero sigue
de largo,
y sólo los días demoran hoy mucho tiempo en pasar.
Cierto que todavía hay crepúsculos y enamorados,
porque siempre ha habido irresponsables y, últimamente,
estudiantes y soldados con escasos minutos de pase
y mujeres gordas sin escrúpulos.
Pero ya no son aquellos crepúsculos, aquel fuego crepitante
que hacía daño como Chaplin,
aquel incendio pavoroso con que ardió la vida todavía en el
parque Lenin
por última vez, como un fósforo en el suelo que va a apagarse,
como un fósforo en el suelo que miraba arder por última vez
y sin saberlo
un hombre que fumaba tranquilamente en una esquina de
Hiroshima.
En efecto, había sido el crepúsculo hasta entonces un país
dentro de otro país, un cuento de hadas donde-todo-sucedía
a las 7 y 15 en punto; y de repente,
de repente helo ahí: unas manchas cárdenas que giran como
limones
entre el esófago y el alma, un polen temible,
unas invisibles ruedas de molinos fúnebres que van moliendo
desde lejos el corazón,
una miel envenenada que gotea —un aire de funeraria,
un vacío inmenso, una pena extraña lo ha ido invadiendo todo
(como pudo haber dicho el Neruda que tú amabas), con un
olor extraño a rosas muertas y una pena extraña
extendiéndose por la vida como una niebla, como una

telaraña invencible y muerta–,
y la mente se ha extraviado con los días.
Una persona perfectamente lógica que conozco
endulza el café con sal sin darse cuenta
y sale a la calle muy de mañana
con un calcetín y una mirada perdida;
al llegar a la esquina se encuentra consigo misma,
que venía con un pan, y allí se quedan las dos
hablando horas enteras acerca de una tal Maligna;
se encuentran lágrimas en los asientos de los parques,
lágrimas en una almohada,
un mismo nombre es muchas veces escrito en un mantel,
y la ropa que llega a la tintorería va sin cabellos dorados en
     los hombros,
como ropas de gente que ha sufrido.
No es que nadie en este mundo te recuerde.
Ni aun el olor de unas lentejas que conozco,
posándose hoy de repente en la ventana,
tendría poder para arrancarte del olvido donde sin trabajo
          se te ha puesto.
Es que el hombre lo ha estado trastocando todo
con sus experimentos que envenenan, con su flores mentirosas,
con sus vuelos inútiles, con sus estallidos atómicos,
y este día de hoy (me imagino) tenía forzosamente que llegar.
¿O estoy tal vez soñando –nada más?

Adán con Eva

El pasado y el porvenir pasaron ya,
Todo lo que tuvimos lo perdimos,
y era más de lo que se podía tener.
Nos queda este rumor. Este
montón de tristezas que el viento propaga,
inmemoriales, sin tiempo.
Este rumor
            de lo que fue
la vida antes de que llegara el porvenir.

Casa encantada

Era de noche, soplaba el viento
y había un mago. Para tu eternidad.
Esta es una casa de magia
donde quien entra no sale. Sigue
haciendo el té, calienta la comida,
acomoda tu rostro aquí. Serénate
—acostúmbrate, sobre todo. Esto es
para toda la eternidad, te digo,
aunque tu sombra siga vagando por los caminos,
tocando en otras puertas, con el viento.

Sucesos

Muchas cosas han sucedido desde que te fuiste.
Por ejemplo, ya no te quiero. Una verja que no se abría
ha dejado de sonar, y el reverbero de tu madre
ya no se mueve solo. Unos pasos lentos en la otra vida,
unos pasos como de vaca sobre una alfombra,
que se parecían demasiado a los tuyos
cuando te tirabas descalza de la cama para ir a lavarte
o hacer el té, ya no pasan más; y aquel pedazo de blúmer
que temblaba de soledad en el escaparate, permanece
rígido, yerto, completamente inmóvil, exactamente
como si hubiera muerto; aquel pedazo de blúmer rosado
que fue durante semanas mi único contacto con la vida,
mi compañero sin comer, aquel tesoro,
lo que me quedaba del mundo
y de lo que ya no era el mundo, casi un ídolo
o una piedra de sacrificios para morir o seguir resistiendo
mientras no se abriera de nuevo la verja del portal
y volvieran a tocar a la puerta
suavemente con los dedos; también
ese pedazo inmaculado de entonces ha dejado de sufrir,
con la caja, los libros y una píldoras
que daban miedo en el botiquín.
Ya sabes que creo en la mortalidad de los objetos
como creo en la mortalidad de mi vida, esa mortalidad
que el hombre comunica a sus cosas del mismo modo
que antes les comunicó el ser. Ahora mismo,
para recordar cómo eras, estoy mirando el retrato

que tu misma hiciste de ti, y no pasa nada.
Por eso empecé diciéndote que habían sucedido cosas.
Pudiera agregar que ahora soy un planeta lejano,
pero eso no explicaría el misterio de una mujer que se perdió
   en la noche, irremisiblemente,
con un oso de juguete, hace millones de años,
y todavía ayer alumbraba en el espejo.
Ya ves que todo podía suceder.

La soledad

La soledad es completa y pesa,
no viene nadie y pesa, como una tarja
pesa. Entonces sales a la calle y una muchacha
que también estaba sola (según
imaginas después) viene a preguntar
por ti y no vuelve
a pasar. La soledad sigue siendo
tal vez completa, pero ahora has aprendido
a llenarla de posibilidades.

Yo conmigo

Me he dado cuenta de que la relación conmigo mismo
pudiera ser eterna, y la cuido:

me llevo al cine entre semanas y al Zoológico los domingos;

me rasuro al levantarme, de modo de estar presentable a la
hora del desayuno; corto flores al amanecer en el jardín
del vecino: rosas y gladiolos que emocionado coloco en
el comedor en un búcaro negro debajo de mi retrato; y
minuciosamente los viernes me recorto las uñas de los
pies y de las manos, minuciosamente, con mucho cui-
dado, como si ellos fuesen las manos y los pies de un ser
melancólico y muy querido,

mientras lento en la ventana, continua pasando el crepúsculo,
y un pescado se dora en la parrilla.

Todas las comidas me parecen excelentes.

Nunca lloro un vaso que se ha roto

y en mis labios siempre podrá hallarse una disculpa para todo
tipo de desplante. O una sonrisa triste por unos calcetines
que se quedaron sin lavar y sin zurcir, o digamos, por algo
que acaso por un delicioso descuido terminó quemándose
en el fogón. Una sonrisa triste solamente, ni siquiera un
reproche.

Tampoco olvido un cumpleaños, una fecha.

Sé sudar, sé gemir,
meter una lengua larga y desesperada en una oreja profunda.

Soy entonces un loco que se derrite, un agua tormentosa
que se junta con otra agua y no vendrá a aquietarse hasta
muchos años después entre maderos y ángeles muertos…
Pero como eso también es hoy un tema prohibido entre
nosotros dos, prefiero en estos días recordarme cuando
pasado el rayo que hizo crujir el firmamento, he vuelto a
ser yo mismo, yo: un agua muy clara con un fondo donde
yace un cielo muy azul.

Soy melancólico y grave pero también lo oculto.

Y cuando temblando, de noche, nos quedamos ambos en
la casa mirándonos a los ojos, juiciosamente una por lo
menos de cada dos manos de cartas me ocupo de perder;
aunque por lo general salimos de improviso a última hora.
De la mano me conduzco entonces a mí mismo por esas
calles, con el cuidado extremo con que por una acera rota
y en penumbras se conduciría a un padre anciano con
bastón y cataratas. Pasamos por los parques de otros días,
miramos en el malecón, y a veces en el ómnibus o en las
esquinas nos detenemos a hacer preguntas sobre cosas que
ya sabíamos. No por nada, por escuchar una voz.

Y luego de poner los frijoles en agua
y taparnos bien de pies a cabeza para no resfriarnos, digo unas
«Buenas noches» con cariño y un suave «Hasta mañana»

(por si por entonces ya estuviera yo dormido), y desfallecido caigo entre los brazos de mí mismo que me acurrucan igual que una madre a su pequeño temblando de fiebre o con mucho frío.

La dicha, en verdad, no podría ser más perfecta en esta casa hoy al fin de silencio y armonías. Aunque algunas noches uno de los dos rompe de pronto a sollozar, sin que se sepa por qué. O dormido murmura un nombre de mujer.

VI.

Correspondencia negra

La espera

A Marta Jiménez

Durante veintiséis años esperé sentado en la escalera
de la puerta del edificio donde se debía resolver mi caso,
pero los funcionarios siempre pasaron de prisa.
La mañana en que comuniqué mi propósito de desistir
si no se me atendía,
una voz se me acercó por detrás
con una pregunta aparentemente sin importancia:
                        –¿Está usted haciendo guardia,
            señor K?

Me volví. En efecto, era un funcionario
que bajaba de su torre, con su habitual arrogancia
de dueño del mundo. Un funcionario de segunda. Él también
parecía muy abatido, no obstante, y en sus fondillos
se apreciaba la ardiente huella del que esperó
la vida entera antes de entrar en el secreto
–según deduje luego.

Ahora era su turno.

Me miró con displicencia por encima de los espejuelos,
me pidió (¡por favor!) que le diera una semana,
una sola semana nada más
  bajo palabra de honor–,
pero haciendo constar previamente
                        (sin comprometerse)

que no debía seguir perdiendo mi tiempo:
que allí no estaba mi caso,
que no hay caso,
que,
en realidad,
   nunca ha habido ningún caso.

Solamente la escalera.

Y el pretexto de los funcionarios.

El viajero

Estoy de paso en una ciudad que ignoro,
por razones que ignoro, procedente de lugares
que ignoro, acechado por peligros,
por toda suerte de peligros,
                              en un viaje
condenado al precipicio,
de antemano.
                    Reviso los billetes:
nada dicen. Excepto que nada podrá salvarme.
El viajero no es un actor de cine.
El viajero sabe que no asiste a la representación
de una película. No se ha quedado dormido
y delira
            a la salida de un cine,
el otoño y el viento lo dicen,
los anuncios de las casas comerciales.

              ¿Quién y por qué
lo ha condenado de tal manera? (Silencio.
Pasos...)
El peligro es grande, mucho mayor el misterio.

Comprar un pan sería entretener el tiempo,
o ir al cine. Tampoco tengo dinero.

¿Cómo sentarse tranquilamente en un parque
a leer los clasificados donde se solicitan

choferes, jardineros, mecanógrafos?...
                    Debajo
del propio asiento del parque
podría estar la bomba.

Aparte de que
–rivalidades entre naciones,
colisión estelar o gases dormidos
en el fondo del planeta y allí
revolviéndose como dragones
que duermen mal– la espléndida
e iluminada ciudad podría
desaparecer sin previo aviso,
sin el menor aviso,
un día como el de hoy.
                        Ahora mismo.
En esta línea del poema.

                    El viajero
tiembla, contempla los trenes
en el Metro. No pregunta a los transeúntes
por no delatarse.

De repente, súbese el cuello
del abrigo, sin embargo, baja el ala
del sombrero, como en las películas,

se pierde entre la multitud. Con su billete.

Situación

No he encontrado a Dios
y la materia no me responde.
Mi inseguridad no puede
ser mayor. ¿Para qué es
la vida? ¿Cuál es la función
de la materia? ¿Transformarse?
¿Y mi conciencia?

Sólo Dios pudiera responderme.

El muro

Lo que más impresionaba era sobre todo la solidez del muro. Estaba hecho de una sustancia desprovista de color y tan invulnerable como desconocida. Tocaba el cielo con los bordes superiores y en los extremos se unía con la línea del horizonte. Y si se andaban cincuenta jornadas de a caballo, el muro seguía imperturbable hasta el horizonte; y cuando en tren se llegó a donde antes estuvo la línea del horizonte, el muro continuó todavía hasta el horizonte; y siempre, de todos modos, siglo tras siglo, el muro continuó hasta el horizonte, más rápido que aviones, que super-proyectiles incluso.

Grave era la indignación. Ciertamente. Piénsese además que, por estar desprovisto de color, nadie, aún, había podido ver el muro. Aunque todos podían tocarlo.

Se recordaban asimismo no menos de ochenta hombres de mérito muertos hasta el momento tratando de descifrar el muro. Y con esos hombres (justo es consignarlo), sucumbieron también numerosos individuos al principio, luego pueblos y más tarde culturas completas. Hacia la época en que tiene lugar el presente relato, el muro y sus extrañas propiedades se habían convertido en meta natural de la especie.

Felizmente sin embargo las actuales circunstancias no eran las del principio, cuando el hombre, en la oscuridad de su momento, esperó encontrar detrás del muro los ríos y barcos de la gloria. Estaban entonces detrás del muro las ciudades construidas con oro y piedras preciosas solamente, y para los niños, que de sus mayores aprenden a ser felices, los árboles, en vez de ramas, tenían espadas de las que relucientes colgaban las medallas, y estaba allí prohibido ir a la escuela. Pero ésas fueron las incitaciones de aquel oscuro tiempo. Hoy, si bien la criatura humana no había encontrado aún sitio en su cosmos para la felicidad, pero ya con un conocimiento absoluto del espacio −cuyo volumen, después de mucho, había sido establecido en abstracto, incluidos longitud y diámetro del muro−, estaba el hombre seguro, completamente seguro de que detrás del muro no había nada. Si lo atacaba era por soberbia. Y porque estaba allí.

Reunieron los bancos sus capitales, se economizó hasta pasar hambre, y al fin los escasos sobrevivientes estuvieron una mañana de primavera junto al muro.

Cañones, rayos y todo género de inventos que proclamaban la gloria y poderío insuperables del hombre sobre la materia fueron concentrados sobre la fortaleza durante años. Finalmente el muro cedió un jueves a medianoche. Y más adelante no se pudo precisar si fueron los del lado de acá o los del lado de allá quienes abrieron el pequeño pero suficiente boquete por donde, entre la oscuridad y la sorpresa, y con gran imprevisión de ambas partes, pasaron a abrazarse los unos con los otros.

Con la llegada del día pudieron los fotógrafos captar las primeras escenas con la tan ansiada luz natural. En efecto, no había habido error. A un lado y otro del muro se extendía un paisaje igual, semejante en todo cual copias de un mismo retrato. Semejantes en todo cual copias de un mismo retrato eran también los de un lado y otro del muro. Las mismas herramientas, la misma historia, los mismos nombres, comunes las experiencias, la ilusión, incluso idénticas la odisea y significación del muro.

Se notó además, desde el principio, la imposibilidad de una comunicación verdadera. Nunca se produjo un diálogo, y todo fue como un eco respondido por otro eco. Ni siquiera pudieron los hombres, ni tampoco las mujeres (por denominarlos de algún modo) intercambiar un cigarrillo. Cada cual fumaba la marca de su doble respectivo.

Y no eran dos mundos individuales y a la vez semejantes como dos naranjas iguales, según establecerían enseguida los poetas en un documento que también suscribieron los filósofos, sino la misma naranja colocada a la vez, ópticamente, en dos espacios al parecer individuales, tal como postularon luego de considerarlo mucho los matemáticos. Para ilustrar el fenómeno, hablaron de una película pasada frente aun espejo. ¿Y la filmación? ¿El sitio, el lugar de la filmación? Los matemáticos se mostraron sorprendidos. En todo caso, el espacio estaba perfectamente medido desde antaño y en él no había sitio para la filmación, dijeron terminantes.

Pero como esta idea de la película sin filmación era inaceptable en las actuales circunstancias, por razones obvias, y ofensiva por igual para los habitantes de uno y otro lados, mucho más que la existencia del antiguo muro, se mandó enseguida cortar la cabeza de los matemáticos. Y los dos caudillos, lamentables en el mediodía como una sombra frente a su propia sombra, firmaron un documento de emergencia en el que se hacía constar que la filmación estaba (¡debía de estar!) en algún sitio, donde, de andarse con premura, tal vez fuera posible aún sorprender las cámaras.

Con los lilas y morados de un crepúsculo imposible de narrar, los de uno y otro lado se pusieron en camino con sus millones de libros y sus extraños instrumentos, cabizbajos, pensativos, los unos y los otros, las lágrimas rodando ardientes por las mejillas. Nadie se atrevió a decirlo, pero todos continuaron, bajo el cielo imposible, entre el polvo, el ruido de la marcha y las sombras, conscientes de no saber, de no poder saber —y tal vez no lo sabrían ya nunca— de cuál lado del muro avanzaban ni con quiénes volvían, si es que volvían: si eran los unos o los otros.

Escrito en la envoltura del pan del desayuno

Hijos míos:

Lo días del hombre se miden por años, pero los de la eternidad en la Tierra se miden por períodos geológicos. Algún día seremos petróleo, y nada, ni aun una memoria habrá quedado de nuestros engaños. El mundo es muy joven. El mundo recién acaba de empezar. A mí nadie me engaña. Conozco la historia de los dinosaurios. Petróleo serán los biólogos que nos recuerden al principio y los que recuerden después a los biólogos que nos recordaron. Petróleo. Eso seremos. Junto con las cúpulas incomprensibles. (Cadáveres de unicelulares y de peces voladores arden en el petróleo civilizado, y nadie se conduele, ni se habla de profanación. Más cercanamente, ¿dónde, cuándo, en cuál país se ha visto la estatua al mono que hemos sido no ha tanto?) Yo sé que el esfuerzo en el canal ha sido muy serio pero el televisor estaba apagado. Muéranse amor, aunque se mueran, muchachos, y olvídense de los periódicos. No es a caballo como está el famoso de hoy en la eternidad. Sino conmigo. En barriles.

(Sírvanse de este papel, si no hay otro, como de un testamento).

Sobre los manuscritos de Amberes

I.

Como se recordará, según las partes reveladas del testamento ológrafo del desparecido banquero Siegfried Holzbein, coleccionista famoso y según se afirma, uno de los principales cerebros de la política económica del canciller Adenauer en la década de los cincuenta, Holzbein habría conservado en secreto los *Manuscritos* desde 1939 cuando hallándose en Amberes en una misión de su especialidad –estamos en vísperas de la invasión de Holanda– y a través de una historia tan complicada como poco verosímil, le «fueran ofrecido por un judío probablemente fugitivo que no quiso identificarse pero que seguía instrucciones de un tercero», al cual diez años antes le hubo enseñado Holzbein literatura alemana contemporánea en la Universidad de Bonn.

Hay un hecho sin embargo que no ha dejado de ser significativo para quienes a la muerte del banquero vieron con sorpresa aparecer los *Manuscritos* en el último lote de tesoros sacados a subasta por la familia Holzbein. Ese hecho es el siguiente. Cuando el 17 de mayo de 1944 muere en el campo de concentración de Ravensbruck Milena, la traductora y amiga íntima del autor de los *Manuscritos* –y con la que éste había sostenido «una de las correspondencias más apasionantes y conmovedoras que se recuerdan»– era director de aquel establecimiento el teniente coronel Otto Dierlam, ex profesor de psicología y mano derecha de Holzbein a partir de 1934 –primero en un comité especial de la jefatura del

Partido y luego en la Gestapo hasta el 12 de enero de aquel propio año 44 de la muerte de Milena. Como en opinión de algunos pudo también deberse a Holzbein esta súbita caída del favorito de otro tiempo, no sería excesivo imaginar a Dierlam ocupado en su destierro de Ravensbruck en arqueologías literarias que le permitieran recuperar la buena voluntad de su antiguo benefactor, camarada de la infancia y personaje influyente en el saloncito privado del Führer. Casualidad o lo que sea, es lo cierto que a fines de febrero el antiguo profesor de sicología Otto Dierlam fue restituido en su puesto en la Gestapo y ascendido a coronel.

Milena por su parte había sido amiga y persona de toda la confianza de un misterioso señor Heinz Warner Nagelm, especialista en Goethe (brillante según se ha dicho, pues no llegó a publicar), cuya relación con K permaneció ignorada hasta ahora y el cual puede haber ejercido una influencia decisiva en el poco interés que por su obra sentía K (incluso hay razones para suponer que, fuera de K, sólo Nagelm habría conocido completa esa obra, y acaso, vetado en parte). Pues bien, el día antes de su captura en una casa en las proximidades del Puente de Carlos, Nagelm, bajo una tormenta de nieve, hizo llegar una carta desesperada a Milena con recomendaciones muy particulares. ¿Se le indicaba en esa carta dónde recoger los *Manuscritos* que él por alguna razón había conservado quién sabe desde cuándo? ¿Permanecerían, por el contrario, esos papeles a la sazón en poder de Milena? Que Max Brod no los mencione en su inventario de obras de K permite suponer tanto una cosa como la otra.

Precisamente, el hecho de que uno de los *Manuscritos* aparezca dedicado a Milena de puño y letra ha impedido establecer con certeza la fecha de escritura de dicha colección. Alguna crítica la remite a la temporada que media entre agosto de 1910 y noviembre de 1912, es decir, casi al comienzo de la carrera literaria de FK. Von Hoffman, Gunther Schneider y Mr. Taylor insisten en situarla en 1920 «o a partir de esa fecha», por ser entonces cuando se conocieron Milena, de veinticuatro años a la sazón, y K, que tenía treinta y siete e iba a morir cuatro años después. Para quienes con S. W. Ryan a la cabeza optan por fijar dicha escritura en los años del 10 al 12, el «Manuscrito de Milena» (como se le ha llamado) «no deja de ser una pieza suelta, algo añadido a última hora». Por su parte en Francia, Italia, Bélgica, Finlandia, Japón y aun en los Estados Unidos comienza a abrirse paso una tercera corriente, que pretende demostrar –también sin fundamento alguno– que «K debió de ir componiendo esos textos a la par con sus cuentos y novelas». Son los famosos *paralelos*. Y entre tantas corrientes, una voz solitaria, la del holandés Van Mayer –con quien lamentablemente no hemos podido estar de acuerdo esta vez, pero ello sobre todo por la conocida intransigencia de este investigador–, el cual, aunque sin tomar partido respecto a fechas, indica con toda razón que «el hecho de que el tan traído y llevado Manuscrito aparezca dedicado a Milena no implica necesariamente que ese texto haya sido escrito por y para ella».

Las otras dedicatorias son a Max Brod, a la señorita F.B. y al enigmático señor Heinz Warner Nagelm, cuya presencia en la vida de K tanta consternación ha causado. Pero todo esto según el borrador de una carta aparecida con los *Manuscritos* en la subasta de los Holzbein, carta escrita en papel timbrado de la compañía de seguros donde trabajaba K y dirigida por éste a Warner Nagelm en unas navidades sin fecha. Como dicho borrador está escrito a máquina debe mirárselo con reserva.

En cuanto al misterioso señor Nagelm que tantas dudas pudiera aclarar, nada ha quedado de su casa de piedras en las afueras de Praga (en cuyo establo dejó escondido en un doble fondo cubierto por la alfalfa de las vacas su monumental trabajo sobre Goethe, en el que había invertido treinta años y que terminó desapareciendo una noche de otoño del 43 cuando los alemanes quemaron la propiedad); ni él volvió de los campos de concentración a los que fue enviado a mediados de la guerra en el mismo tren que se llevó a los K. Y sólo una foto suya ha podido encontrarse, pero también en esa foto se ha borrado su rostro y ya sólo se aprecia una sombra de pie junto al fantasma de una rosaleda que crecía junto al porche.

2.

Me he ocupado de estos *Manuscritos* por varias razones, pero sobre todo porque nací en Barrancas. Quiere esto decir que todavía no he aprendido a dormir solo, ni mucho menos a dormir solo con la luz apagada. No en vano mi más remoto recuerdo de la infancia tiene que ver con una canal de zinc colocada entre los dos cuerpos de mi casa de tablas a la orilla del camino real de un caserío perdido entre el cielo, las montañas y el olvido. Cuando con la caída de la tarde comienzan las gallinas a subir por un palo a su dormitorio del ateje cuya copa cubre la mayor parte de la cocina pudriéndole el guano, ya estoy bajo esa canal eterna con mi hermano Rubén que tal vez no ha aprendido a hablar aun, está mi abuelo con su bigote muy blanco, su jipi y su bastón, y está mi abuela con su vestidito almidonado de todos los atardeceres y su moño recogido con peinetas atravesado por un alfiler de plata. Después se sentará en la cocina el hermano mayor de mi madre, el primogénito de la casa, de doce años de edad, el único tío que Rubén y yo hubiéramos tenido (muerto por desgracia cuando estaba por entrar en la adolescencia, años antes de nacer mi madre), y el cual siempre llegaba tarde sin decir nada y permanecía con el sombrero entre las manos escuchando con atención. Tienen un lugar destacado en mi antología de esa otra vida la representación del descuartizado que solía enviar su cabeza por delante y luego, una a una, iba enviando partes hasta que por último se veía acercándose por un trillo oscuro, la mano que faltaba con un tabaco todavía encendido; la mujer que en medio del río ardía de pie encima de ninguna piedra, allá en la parte de los remolinos que cubren las anacahuitas del fondo del aserrío, el desconocido que sentado con un machete a la orilla del camino de La Sal aguardaba fumando con una botijuela entre las piernas esperando al guapo que dándolo por vivo viniera a quitársela; el negro que todos los días de cuarto menguante amanecía llorando junto a un dagame con la cara cubierta de rocío y unas azucenas en las manos; el haitiano desobediente que Dios convirtió en mitad buey mitad hombre por haber comido carne en viernes santo.

Cuando por fin caía la noche y mi abuela encendía el candil por un segundo para colocar las trancas detrás de las puertas, entonces comenzaba la tristeza de tener que aguardar hasta mañana. Pues día a día, sin mancar un anochecer, era preciso que cada cual recibiera –como Dios manda– antes de irse a la cama –y el muerto antes de volver al cielo– su correspondiente cuota de miedo. Y un pilón que nunca supe dónde sonaba seguía errante por la sabana oyéndose primero en un sitio y luego en otro; era que algunas familias después de acostar a los niños seguían hasta las ocho y las nueve duplicando los cuentos de mi casa y tomado café para espantar a los muertos. Era la TV de Barrancas.

Con otras máscaras, esa misma necesidad de miedo la seguiría encontrando después en todas partes. Lo mismo en las panaderías de la carretera que en los salones profundos donde hombres muy sabios reinan rodeados de libros, siempre con una respuesta a mano para todo menos para su propio miedo; lo mismo en las casas donde la mesa de comer fue vendida esta mañana para comprar medicinas que en aquellas edificadas con mármol donde se dan fiestas para cuatrocientas personas; y en todas partes, lo mismo.

Y me acuerdo que pasando balance de lo que había sido mi vida hasta entonces, e intuyendo lo que de algún modo confirmaría después el porvenir, ya en el tren cuando me iba de Barrancas no dudé en anotar en mi libreta de aquel tiempo –con ese cinismo propio de una juventud que todo lo comprende pero que sin embargo no dispone de palabras aun para explicarlo– esta observación de la que hoy me arrepiento: «De manera que he nacido y he vivido en un mundo donde a las gentes les gusta tener miedo para dormir. O para no dormir. El que esto escribe no lo entiende, pero sucede, tal vez porque la vida sin miedo sería demasiado aburrida».

Muchas cosas han debido suceder, y pasar muchos años, para que habiendo una mañana observado por casualidad como el hombre llega y planta su brazo en los hospitales de modo que le sea inoculado el antígeno de la enfermedad que desea evitar, pueda hoy decir sin temor a equivocarme que por su circunstancia de criatura de paso aparecida misteriosamente junto a una cueva donde resonaba el aullido del lobo, y de acosado por las epidemias, las tierras donde no llueve ni abunda la caza, además de por la vejez y la muerte, el hombre –sin quererlo, pero juiciosamente– se había visto obligado desde su más temprana infancia –ya que no a inmunizarse, como hubiera sido lo ideal–, a paliar el miedo de verdad consumiendo miedo artificial.

Hoy Barrancas sólo existe en mi memoria. Por donde antes pasaban el desempleo del tiempo muerto y la noticia del desalojo, ahora haciendo sonar las tazas en los comedores, pasan los tractores, los camiones y las trilladoras; y en un cielo antes surcado tan sólo por pájaros, hoy vuelan los aviones de la fumigación; y nadie se asusta allí por eso, ni nadie sale a la puerta asombrado a decir adiós con la mano pues para ellos –para esos desconocidos de Barrancas que hoy pasan con zapatos por la tierra donde yo soñé descalzo–escuchar esos estruendos es la cosa más natural del mundo. Bien mirado, la nueva Barrancas no pudiera sentirse más segura. Sin embargo, nadie allí, por lo que creo, ha podido aun curarse del miedo, cuando menos, de que a quien queremos mucho le suceda algo.

Con razón al dorso de uno de los *Manuscritos de Amberes* –en lo que tal vez era una nota que luego fue elaborada a manera de poema en prosa, y suprimiendo de ella lo evidente– escribió K: «Porque la mentira de Dios sería cuando menos verdadera si en vez de ofrecernos el Señor la eternidad en la otra vida nos la hubiera otorgado ahora». Es el texto (suprimido en esta edición por no haber considerado la misma notas ni bocetos) que continúa diciendo: «De manera que después de tantos siglos y planes para seguir viviendo en el cielo, ha habido que empezar a desacostumbrarse». Y aunque siempre ha sido el papel del hombre temer y rezar para espantar el miedo, entreveo en esta soledad desconocida hasta nosotros los de este siglo xx del horror, buena parte de las tristezas que, sin más, pudieran volver definitivamente pálido un rostro.

3.

Y como el miedo crea hábito, nuevas clases de miedos han ido apareciendo con los años. Entre los más recientes, Van Mayer ha señalado en un extenso catálogo no exento de humor,

> el miedo a:
> Microbios,
> ómnibus,
> trenes,
> barcos,
> Aviones,
> autos,
> ascensores,
> ollas de presión,
> el corazón que está latiendo dentro de uno, la posibilidad remota pero cierta de que la Tierra pueda estallar –«Hoy. / Ahora mismo. / En este instante del poema»– víctima de los gases que encierra en sus entrañas, o tal vez, precipitarse en la inmensidad del espacio contra otro planeta,
> el miedo genético al policía,
> el miedo a un mundo sin castigos divinos pero también sin dioses.

En total, doscientos cuarenta y nueve miedos entre grandes y pequeños, sin entrar a considerar «miedos urbanos ocasionales como el desencadenado por el hombre que ayer en Nueva York le cortó la cabeza a su mujer, sus hijos y su suegra y ahora andaba melancólico por las azoteas cazando transeúntes y policías con un moderno fusil de mira telescópica que nadie se explica de dónde pudo sacarlo (aunque todo el mundo sabe de dónde lo sacó)».

Cierto que son miedos de los que apenas se habla ya —y que a veces ni se recuerdan de manera consciente—, preocupado como ha estado el mundo con Hitler primero, y luego con los franceses en Indochina, y más tarde con Berlín Oeste —que fuera durante años la bomba atómica más barata del mundo—, y luego la lucha de los argelinos, y la Crisis del Caribe —que también hubiera podido acabar con el mundo—, y el napalm norteamericano lloviendo sobre Viet Nam; y antes —o después—, la guerra árabe-israelí (que no ha terminado o tal vez ni siquiera ha comenzado), y la masacre de Indonesia, y la invasión de Santo Domingo, y la muerte del Che que tan solos nos ha dejado... Esto, por citar, por sólo citar algunas páginas horribles en esa otra más cercana historia de un hombre que durante toda una generación ha debido vivir minuto tras minuto viendo acercarse y alejarse y acercarse otra vez el camión de la bomba nuclear y ahora hasta el camión de la leche al detenerse en su puerta por la mañana le infunde pavor.

Como nos ha dicho Van Mayer, son miedos que no podrían dejar de estar presentes en la sustancia secreta de una auténtica obra literaria cuya acción transcurra en nuestro tiempo, «sca una novela de amor en la que jamás se mencione la política, o en un libro sobre los recogedores de algodón», ¿por qué? Porque esos miedos nos han signado diferenciándonos del hombre de otras épocas, volviéndonos tristes, solitarios y fumadores. El artista no es un historiador, pero tampoco deja de serlo puesto que es nuestro relator ante el porvenir.

Es importante tener todo esto en cuenta al entrar en el laberinto desmesurado que ha abierto K ante nosotros con astucia –o tal vez con desesperación– de perseguido. En busca de su identidad cósmica (como se desprende de aquella nota ya citada, escrita al dorso de uno de los *Manuscritos*) ¿elevó nuestro hombre los ojos al cielo una de esas noches, interrogándolo, y encontró allí estrellas nada más?, ¿o en la imposibilidad de aparecerse ante el porvenir con una nómina infinita de miedos que dieran la medida de nuestras hazañas en la lucha por vencer el miedo –«del que poco a poco ha ido surgiendo la historia humana», según Burmans–, se propuso K, simple y llanamente, expresar los miedos y las angustias todas del hombre apoyándose en dos o tres dudas que contienen el más universal y antiguo de los miedos? O lo que es lo mismo, ¿se propuso K crear un miedo que fuera todos los miedos, un miedo de hoy y de ayer que lo fuera también de mañana, y de este modo, por extensión, componer un libro que contuviera el pasado y el porvenir?

Piensan algunos que, de poder ser dilucidada esta incógnita, quedarían de paso contestados tanto los enigmas de los *Manuscritos* como las demás interrogantes que caracterizan la obra del gran judío checo de lengua alemana. Se podría afirmar de él entonces: «Fue un metafísico». O decir: «Fue un escéptico». O aun repetir: «Todo lo contrario: fue un pensador político brillante… pero en un sentido paralelo».

Como si dijéramos (la cita es de Van Mayer en su polémico *Manifiesto conciliatorio para llegar a Nadie*) que

> no por no ignorar K el fenómeno histórico conocido por lucha de clases, de una parte, ni de la otra la naturaleza de la condición humana –en la cual tanto por sus novelas, diarios, cuadernos, cartas, apuntes y sobre todo aquí en los *Manuscritos* demostró

ser un insuperable maestro– […] y siendo él un solitario cuya acción social y cuya vida no rebasan, para su gloria y su infierno, el marco tan estrecho como inconmensurable de la palabra, descubrió desde temprano las leyes que rigen el comercio del hombre con el miedo. […] No pueden extrañar, entonces, esos textos de *Nadie* [los cuales] al mostrar el movimiento constante en el que todo está fluyendo, transformándose –desapareciendo de algún modo–, duplican como quizá ninguna otra obra literaria de nuestro tiempo, el carácter espectral de la vida y el de los castillos todos que jugando aprende de niño a edificar el hombre con la arena sin acabar de aprender por fin la lección de las olas.

Así –añade Van Mayer citando un cambio de impresiones que tuviéramos una tarde del 69 en Praga– al satisfacer K en el hombre esa oscura necesidad de miedo tan suya, le propone dos cosas que al cabo vendrían a ser una sola. Primero, hacerle olvidar *el miedo de lo posible* (espantoso como todo lo infinito) mediante el simple y casi ingenuo procedimiento de mostrarle el miedo de *lo probable ahora mismo* y viceversa. Segunda cosa, ayudarlo a mejorarse, ayudarlo a ser menos soberbio y por eso mismo menos expuesto a la ostentación y la acumulación; en otras palabras, ayudarlo a ser menos peligroso para el semejante y para sí mismo. Pues debió estar muy claro para K que uno de los problemas centrales de la criatura humana ha sido lo demasiado en serio que se ha tomado a sí misma, con el consiguiente afán de inmortalidad que quisiera imprimirle aun al más pequeño de sus actos, olvidando las dificultades y sacrificios sin cuento impuestos a terceros que esto puede acarrear y de los que tantos y tan buenos ejemplos podrá encontrar el lector al abrir por cualquier parte la historia de su país.

Pues si bien siempre conciliador y en busca de una «necesaria y urgente unificación de lo mejor del pensamiento crítico de estos días [...] que permita llegar por fin a la comprensión total de los *Manuscritos*», no deja de ser válida la interpretación que de la tesis de los paralelos ha querido ofrecernos Van Mayer más arriba. Dicha tesis no es, ni por asomo, lo que con Monsieur Dumont a la cabeza han postulado los propios paralelos. Y ello, ni aun aceptando que la ilegibilidad de esta casisecta se preste tanto para escribir durante días sin decir nada como para llevar a sabios demasiado ingenuos a creer que allí se dice lo que no se dice. Es por eso que deberemos tomar la tal versión de Van Mayer como su versión particular de lo que él ha supuesto que dicen los paralelos, tal vez por concordar dicha versión con lo que sobre los *Manuscritos* piensa él. Y es en ese sentido que debe interesarnos. Todo ello será objeto de estudio en un próximo ensayo en el que se cuestionen en Van Mayer escrúpulos estéticos que no siempre logramos comprender y en el que se fijan además, y sobre todo, posiciones frente a los paralelos al tiempo que se expresan nuevas y naturales dudas respecto a la autenticidad del llamado «Testamento filosófico» («La unidad del mundo»), que escrito a máquina y sin fecha, increíblemente tanto Van Mayer como la mayor parte de la crítica seria se ha apresurado a legitimar, y que desde luego he excluido en esta edición. Empero no he de ser tan ingenuo como para dejar aquí resquicios útiles a corrientes no menos dudosas que las de los paralelos, corrientes que apoyándose en voces eruditas pero nada intransigentes –como la del académico Van Mayer; y es por eso que he citado en parte sus palabras del famoso Manifiesto conciliatorio– empiezan a hablar de una dicotomía ríspida en la obra de K, según la cual –¡hay que ver!–éste se habría planteado en sus novelas y relatos las relaciones hombre-sociedad y en los *Manuscritos* la angustia existencial del hombre.

No importa que por extrañas coincidencias estas corrientes tampoco acepten la legitimidad del llamado «Testamento filosófico» (del que por otra parte, yo solo me he permitido dudar). Aun para Van Mayer es evidente que K en su obra más conocida se plantea «tanto los problemas de su tiempo en su circunstancia particular de extranjero en su propio país y en su propia cultura como el destino universal del hombre sobre la tierra». Tampoco faltarían en los *Manuscritos* preocupaciones acerca del hombre socialmente considerado, ni de su papel –cierto que pesimista– en la historia. «Pero claro que pesimista desde el punto de vista del burgués» –nos ha dicho Van Mayer en el Manifiesto ya citado–, por ejemplo en lo que se refiere a las guerras y a sus relaciones en la sociedad de clases, lo cual, como bien ha admitido el brillante profesor de La Sorbona (se refiere a Monsieur Dumont) «no bastaría para negar el carácter esperanzador de este libro extraño. La existencia de aquellos textos con preocupaciones históricas válidas únicamente en la sociedad de clases, así lo indica». Luego entonces, ¿de cuál dicotomía se habla? Y además, ¿por qué habría K de plantearse dos metáforas del mundo con idénticos fines en discursos separados? Esta es la pregunta que no han podido contestar aún Burmans y sus discípulos ni tampoco Dumont y sus cofrades.

Y si ciertamente son los *Manuscritos* del comienzo de la carrera literaria del autor y existe en ellos la intención política que Van Mayer les asigna, ¿deberá por eso creerse que de las posiciones más avanzadas de los mismos hubo K de pasar al escepticismo característico de sus relatos y novelas? ¿Pudieron al cabo más en él los resentimientos de la soledad que el amor y la esperanza? En ese sentido no debe subestimarse su condición de discriminado en sus dos casas natales, pero tampoco debe olvidarse que, bipolares como son los sentimientos, el miedo (que es la soledad y el temor a desaparecer) sigue siendo, no obstante, expresión o reflejo del sentimiento Amor (que es necesidad de compañía y por eso mismo instinto de reproducción), pero en el otro polo.

Imaginemos sin embargo que estos textos no hayan sido olvidados por K sino que permanecían, como la mayor parte de su obra, sin revisar, sin dar por terminados. Sí es un hecho curioso que K los ocultase tan celosamente que no sólo no los haya conocido Max, sino que no los mencione él mismo en ninguno de sus apuntes, diarios, cuadernos ni cartas. Todo en K es desconcertante, nada sabemos en verdad sobre él, y a partir de la aparición de estos *Manuscritos* hemos de saber mucho menos. No recuerdo en cuál de los discípulos de Burmans he leído que aquel hombre se había propuesto tirar el miedo a broma, propósito nada desdeñable en quien como él tuvo miedo del padre, miedo del jefe, miedo de sus compatriotas los alemanes y miedo de sus coterráneos los checos. Es un hecho reconocido que *Amerika* fue escrito con intenciones humorísticas, sólo que definitivamente K no era humorista.

4.

Y ya aquel día cuando huyendo del miedo me iba de Barrancas sin saber todavía que Barrancas era una sombra de mí mismo, existía toda una industria destinada a satisfacer las necesidades crecientes de miedo (que el propio miedo va creando) con sus correspondientes departamentos especializados en literatura, cine, radio, televisión, periodismo de crónica roja, *comics*, actualidad política nacional e internacional, teatro, plástica e incluso música, de la cual hemos llegado a tener en Cuba dignísimos representantes. Empero, no existía en dicha industria del horror la Poesía del género. Existían, sí, piezas sueltas de Poe y de Shakespeare, por citar dos casos notables; pero el género como tal, sistematizado, no existía aún. Y en un intento de hacerme famoso me propuse crearlo (yo era muy joven entonces y debéis disculparme).

Bien, han pasado los años y nunca escribí aquel libro; pero habiendo caído por casualidad en mis manos los textos de *Nadie*, comprendí que mi libro no tendría ya razón de ser puesto que aquél, *Nadie*, era el libro que yo hubiese o, perdón, el libro que me hubiera gustado escribir. Inclusive, tanto y tan afanosamente ha trabajado en él que ya me resulta imposible creer que no lo haya escrito yo.

En cuanto a los textos en sí se notará enseguida que muchos de ellos fueron desarrollados después por K. en forma de relatos o viceversa, con la consiguiente confusión que ya se ha indicado y que solo podrían clarificar las fechas. Además del «Testamento filosófico» he suprimido el escandaloso «Poema negro», de autenticidad no confirmada, y once textos menores que también podrían ser apócrifos. Incluso no se duda hoy –Monsieur Dumont y Burmans entre ellos, no así Van Mayer– que el texto «Noticia», con su nota a pie de página que le sirve de pórtico, podría ser cosa de Holzbein o de algún otro con el fin de poder incluir textos ajenos al libro. No lo creo. Y por eso mismo y al contrario de otras ediciones, he respetado dicho texto. Descontadas las exclusiones he mantenido el orden que mostraban los *Manuscritos* en la papelería de Holzbein.

Otras dos novedades que ofrece esta primera edición de *Nadie* en español son la cubanización del lenguaje y adecuación de la anécdota en algunos casos a hechos concretos de la historia cubana; y la actualización del mundo de K, por razones ostensibles.

La atmósfera de los textos, he de confesarlo, no siempre ha sido lograda, y yo mismo más de una vez me he apartado de ella con el fin de ventilar el libro; es decir, a fin de evitar que el lector pueda terminar insensibilizándose por efecto de una sobredosis. Pero en esencia, y aun cuando por exigencias de la traducción me he visto obligado a llevar a prosa poemas que aparecían en verso, sigue siendo éste el texto original. Que por mi cuenta me haya permitido dedicar algunas páginas me parece, más que una impertinencia, un acto de devoción.

Quede, por último, constancia de mi gratitud y reconocimiento inestimables al eminente doctor Ladislav Koneckny, quien en Praga, durante las primeras semanas del histórico hallazgo de los *Manuscritos*, me permitió confrontar con los originales los textos publicados en Berlín Oeste por la revista *Kurbuch*.

www.ingramcontent.com/pod-product-compliance
Lightning Source LLC
Chambersburg PA
CBHW032230080426
42735CB00008B/785